DE L'ORGANISATION

DE

L'ENSEIGNEMENT INDUSTRIEL

PAR

A. GUETTIER

MEMBRE DE LA SOCIÉTÉ DES INGÉNIEURS CIVILS

ÉTUDES SUR L'INSTRUCTION INDUSTRIELLE
ET LA PROPAGATION DES CONNAISSANCES INDUSTRIELLES.
CRÉATION DES SALLES D'ASILE
— DANS LES ÉTABLISSEMENTS INDUSTRIELS.
USINES IMPÉRIALES D'INDRET.
SITUATION ET AVENIR DES ÉCOLES D'ARTS ET MÉTIERS.
DESSIN INDUSTRIEL
APPLIQUÉ AUX ARTS MÉCANIQUES.

PARIS

1864

DE L'ORGANISATION

DE

L'ENSEIGNEMENT INDUSTRIEL

OUVRAGES DU MÊME AUTEUR

Librairie E. LACROIX, 15, quai Malaquais, à Paris.

1847. — **Expériences sur la coulée des moules en coquilles.** In-8°, 12 pages. 1^f,00

1848. — **Recherches pratiques sur les alliages des métaux industriels.** In-8°, 32 pages . . . . 1^f,50

1854. — **Données sur la construction des ponts en fonte.** In-8°, 30 pages et 2 planches in-f°. . . . . 2^f,25

1855. — **Expériences et Études sur les poutres en fonte.** In-8°, 30 pages et 3 planches in-f° . . . . 3^f,50

1858. — **De la Fonderie et de ses applications à l'industrie.** Un vol. in-4°, 366 pages et 13 planches in-f°. . 15^f,00

1861. — **De l'Emploi pratique et raisonné de la fonte de fer dans les constructions.** Un vol. grand in-8°, 550 pages et atlas gravé de 24 planches in-f° . . . . 30^f,00

1847 à 1862. — **Notices et Mémoires** parus dans diverses publications périodiques, scientifiques et industrielles. — Traitement des alliages de cuivre. — Recherches sur le tassement des métaux et l'application de l'électricité aux métaux en fusion. — Perfectionnements dans la fonderie. — Utilisation des matières improductives en industrie. — Expériences et recherches sur la fabrication des cloches, sur la fabrication des bouches à feu, sur la soudure des métaux par fusion, sur la ténacité des fontes, etc. — Des constructions métalliques à l'Exposition de Londres, etc., etc.

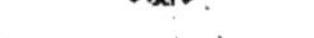

SOUS PRESSE:

HISTOIRE

DES ÉCOLES IMPÉRIALES D'ARTS ET MÉTIERS.

St-Nicolas, près Nancy. — Imp. de P. Trenel.

DE L'ORGANISATION

DE

L'ENSEIGNEMENT INDUSTRIEL

PAR

A. GUETTIER

MEMBRE DE LA SOCIÉTÉ DES INGÉNIEURS CIVILS

PARIS

—

1864

L'accueil bienveillant qu'ont reçu mes deux Études sur l'Instruction industrielle et sur la Propagation des Connaissances industrielles, m'a engagé à réunir ces publications et à les faire suivre de ceux de mes autres travaux qui ont traité le même sujet à diverses époques.

Dans tous ces écrits, différents par la forme, mais solidaires par l'intention, j'ai cherché à exposer des idées, plutôt qu'à créer des systèmes, j'ai voulu soulever des questions pratiques, plus que travailler des théories.

Loin de moi la prétention d'avoir vu mieux et plus juste que bien d'autres qui ont abordé les mêmes questions ; loin de moi la prétention d'avoir dit des choses que tout le monde doit penser ou que tout le monde approuvera.

Dans le domaine des sujets que je traite, l'arène est vaste, le champ fécond, la veine inépuisable.

Chacun apporte son œuvre. Heureux sont ceux qui peuvent la rendre utile, s'ils lui ont fourni seulement le germe qui devra concourir à la réalisation du progrès.

C'est ce germe que je veux déposer ici, espérant que les esprits élevés et sérieux que préoccupent les questions sociales, sauront l'y trouver pour le faire fructifier.

Là est toute mon ambition ! J'aurai rempli ma tâche, si je retrouve un jour, dans les réformes qu'accomplira l'avenir, la trace des idées que j'aurai tenté de répandre.

20 août 1864.

L'étude qui suit a été écrite en mars 1848. — Elle pré-
sentait alors certains aperçus qu'on pouvait trouver avancés,
au lendemain d'une révolution, dont la soudaineté, réveil-
lant brusquement les idées et les passions, ne laissait pas
à celles-ci le calme nécessaire pour apprécier sainement
celles-là.

Aussi, notre notice, lue en séance de la Société industrielle d'Angers, n'eut-elle pas, comme ses aînées (1),
malgré un accueil tout bienveillant, la chance d'être en-
voyée à l'impression et de figurer *aux bulletins*.

Préoccupé que nous étions alors par les soucis de notre
carrière industrielle, nous fîmes rentrer en portefeuille, où
il a dormi depuis tantôt quinze ans, un pauvre opuscule
qui avait le tort de se présenter trop tôt.

Tout en ne perdant pas de vue les études qui nous avaient
intéressé à une autre époque, nous n'eûmes que le temps,
au milieu des fonctions importantes qui nous échurent
depuis, comme direction industrielle, de nous occuper de
travaux plus exclusivement et plus immédiatement utiles,
sinon plus sérieux.

En regardant aujourd'hui derrière nous, nous trouvons
que les années ont donné raison aux idées qu'en 1848 les

(1) Notices sur les Écoles d'arts et métiers, sur les usines de la marine,
à Indret, etc.

1

uns trouvaient peut-être trop avancées, bien qu'elles ne fussent, après tout, que des idées pratiques, nullement entachées des utopies sociales qui surabondaient alors ; et que les autres, au contraire, ne trouvaient pas suffisantes pour être mises au niveau du nouvel état de choses.

Débarrassée des agitations et des incertitudes engendrées par un moment d'effervescence, la question de l'instruction professionnelle faisait des progrès. L'enseignement purement littéraire dans les lycées se transformait, et, s'associant courageusement l'étude des sciences, faisait un premier pas dans la voie que nous préconisions.

Des institutions diverses se fondaient, donnant une pâture plus certaine, plus abondante à l'enseignement agricole, industriel ou commercial.

Et maintenant, nous voyons le Ministre lui-même, chargé des destinées de l'enseignement public, venir annoncer des réformes nouvelles dans l'organisation des lycées et la future création d'écoles spéciales plus appropriées aux besoins de notre époque.

Avant que fussent connues les dispositions du Gouvernement, nous avions relu et modifié notre étude sur l'enseignement professionnel, ne sachant encore si nous abandonnerions cette étude à la publicité.

Nos vues s'étendent plus loin, sans doute, que ce que l'on projette ou que ce que l'on fera. Nous embrassons un système complet d'enseignement public et nous admettons sur ce terrain la plus énergique concurrence de l'État.

Mais, peut-être, dans ce système que nous examinons surtout à un point de vue d'ensemble, se trouvera-t-il quelque donnée profitable à ceux qu'intéressent plus directement ces questions. Peut-être la pierre que nous apportons, si faible que soit son volume, pourra-t-elle être employée utilement à la construction de l'édifice qu'on cherche avec tant de raison à construire aujourd'hui.

Cela nous décide à laisser paraître notre travail, en lui conservant sa forme primitive et en nous gardant d'y faire intervenir les dispositions nouvelles que son Exc. le Ministre de l'instruction publique a présentées dans son rapport à l'Empereur et vient de rappeler dans son discours à la Sorbonne.

Un peu d'amour-propre d'auteur qui ne veut pas perdre une œuvre élaborée depuis longtemps, mais par-dessus tout le désir de prendre part à l'examen d'une idée que nous croyons juste et féconde, tels sont aussi, avouons-le, les mobiles qui nous amènent à livrer cette œuvre aux *Annales du Génie civil*.

Puissent ces motifs nous faire trouver grâce devant les lecteurs sérieux qui consacreront quelques minutes à parcourir les pages suivantes et qui ne voudront voir dans ces pages que des réflexions dictées uniquement par l'amour et le désir du bien public.

ÉTUDE

SUR

L'INSTRUCTION INDUSTRIELLE

La liberté de l'enseignement sous la garantie et sous la surveillance du Gouvernement est désormais une chose acquise.

C'est aujourd'hui une des pierres angulaires de l'édifice que la France libérale tend à développer chaque jour en vue des besoins de l'avenir.

Sous un régime devant donner accès à toutes les libertés que comportent la raison et la justice, personne ne saurait songer à nier la liberté intellectuelle.

Tant que les bases de la société humaine seront les mêmes que celles de la famille, on ne peut refuser à la famille le droit de diriger l'instruction de ses membres et de confier cette instruction aux mains qui lui conviennent.

L'État, lui, a le droit d'exiger chez ceux qui instruisent de la moralité et du talent ; il a le droit de contrôler l'action des instituteurs et celui de briser cette action, si elle tend à fausser les tendances, à vicier les cœurs d'une jeunesse qui est avant tout la sienne.

Ces hautes questions sauvegardées, le programme de l'instruction est un vaste champ qui appartient à tous, où toutes les intelligences, toutes les aptitudes, sont appelées à recueillir les fruits qui les tentent.

Nul n'a le droit de dire à la famille : Vous exigerez de vos enfants une étude spéciale du grec et du latin.

Vous leur imposerez l'obligation de parcourir tout entière l'immense et pénible arène des sciences mathématiques.

Vous leur prescrirez, en un mot, tels et tels travaux, et vous leur défendrez tels ou tels autres.

Ou l'on tenterait d'enlever à la famille son pouvoir le plus sacré ; on tenterait de lui ôter la première de ses libertés !

Dire que la famille a toujours su et saura toujours user avec une prudente sagacité de ce pouvoir dont la responsabilité est si grande,

Ce serait nier les lois immuables du monde.

Dire que l'État, remplaçant la famille, saurait deviner pour tous la direction utile à chacun, suivant ses forces et son intelligence,

Ce serait accorder à l'État le rôle divin du Maître universel et relever trop haut le niveau de la puissance humaine.

L'État, pas plus que la famille, ne sera jamais infaillible en pareille matière. De tout temps, il y aura des éducations manquées, des vocations brisées.

Mais, en présence du droit reconnu à la famille de choisir pour ses enfants le mode d'instruction qui lui convient, l'État peut élever une noble concurrence ; — la concurrence qui naît de l'unité.

Celle-là est grande et influente, qui prend sa source dans la réunion des forces de toute une nation. Devant elle s'efface ou s'amoindrit forcément l'action isolée de toute partie fractionnaire de la société.

L'éducation individuelle ou divisée n'aura jamais la force de l'éducation centrale ou généralisée que créera l'État.

Ou l'État ne saurait donc pas concentrer dans ses mains et utiliser toutes les intelligences qui rayonnent autour de lui.

On ne saurait admettre cette hypothèse.

Les intelligences d'élite subissent une loi d'attraction qui les rapproche sans cesse d'un centre commun.

Par là, les établissements publics se recruteront toujours aux sources vives de la nation.

Par là, l'enseignement public atteindra une puissance telle qu'il réunira instinctivement autour de lui l'immense majorité des citoyens.

Quand aux satisfactions qu'engendrent la certitude des devoirs accomplis et des services rendus, l'amour de l'étude, le désir de participer aux progrès du mouvement humain, viendront se joindre les encouragements du Gouvernement qui s'intéresse plus que jamais au sort de ses travailleurs, et qui, dans ses tentatives d'amélioration, ne peut pas oublier ses fonctionnaires du corps enseignant, la concentration des intelligences se fera de plus en plus entière et solide autour des institutions fertiles que créera l'État, et qui porteront ardemment au cœur de la patrie l'amour des études sérieuses et approfondies.

L'Université, corps compacte au sein duquel ont gravité les plus brillants satellites de la science et des lettres, n'a-t-elle pas donné de tous temps des gages puissants de sa fécondité, de son influence ?

C'est à l'homogénéité, à la forte organisation de l'Université, que sont dus, sans conteste, les résultats obtenus.

Tant il est vrai, nous n'avons pas besoin de le redire, qu'une somme d'efforts réunis doit donner, à nombre égal, une action cent fois plus énergique que ces efforts divisés.

En proclamant la liberté de l'enseignement, c'est bien le moins que les révolutions aient gardé à l'État le droit et le pouvoir de faire usage de ses armes acquises, pour combattre sur le terrain pacifique de l'intelligence, toutes les concurrences, depuis les concurrences honnêtes et loyales jusqu'aux entreprises de l'esprit d'ignorance ou de réaction.

Toute liberté mène droit à la licence, et on le sait, la liberté de l'enseignement ne serait pas la dernière à s'engager dans une voie hostile, mal comprise ou stérile.

L'action du Gouvernement en réglant cette liberté, quant à la moralité et quant à la dignité, n'a pas à l'attaquer par des décrets, jusque sur le terrain des études. Elle ne peut la suivre là que par la concurrence.

C'est de cette concurrence légitime, honnêtement pratiquée, que l'instruction publique doit emprunter toute sa force, toute son influence.

A de pareilles luttes, l'avenir des jeunes générations ne peut que gagner. Toutes les fois qu'il y a combat d'idées, il est rare que quelque vérité n'apparaisse étincelante sous le choc. A nobles mobiles, nobles luttes. — A nobles luttes, nobles victoires, et aussi nobles défaites.

Voilà ce qui peut résulter, dans tous les cas, de la concurrence à intervenir entre l'instruction donnée par l'État et l'instruction privée.

Cela dit, quel sera l'esprit droit et sensé qui n'accordera pas ses sympathies au système devant instituer l'État régulateur, par la concurrence, en matière d'instrution ?

L'éducation des enfants de classes aisées prendra toujours, grâce à la position des familles, une direction en harmonie avec les besoins de la société.—Ce ne sont pas, par conséquent, les enfants de ces classes qui ont surtout besoin de l'utile intervention de l'État.

Ceux-là trouveront à moissonner, quoi qu'il arrive, à travers l'étendue des connaissances humaines, qu'ils s'adressent aux sources fécondes de l'instruction publique, ou qu'ils recherchent les formes variées de l'instruction privée.

Courbés devant les exigences des concours ou des programmes qui gardent l'entrée de toutes les carrières libérales ou administratives, placés ainsi en présence de l'égalité de la science et du talent, il faudra bien qu'ils apportent, en quelque lieu qu'ils l'aient prise, la dose d'instruction utile pour arriver au but qu'ils auront choisi.

Force doit être par là à l'instruction privée de se plier aux formes de l'instruction publique et de parcourir une voie sensiblement pareille.

Pour obtenir des résultats égaux en fait d'étude et de science, les sentiers peuvent être en effet plus droits ou plus tortueux, plus fleuris ou plus arides ; mais la distance à parcourir ne change pas, et les conditions du voyage sont invariables.

La science, au fond, est et demeure la science. Elle ne diffère que dans les moyens d'application. C'est l'instruction qui la donne et qui s'en fait le gérant responsable.

Les résultats doivent être les mêmes au bout du chemin parcouru, quelle que soit, d'ailleurs, la forme donnée à l'enseignement. Seulement, ils sont plus longs à se déduire, plus incertains, moins solides, si cette forme est mal comprise, est mal appliquée.

De la manière d'enseigner dépendent surtout les progrès à faire faire aux masses. Ce sont les professeurs habiles qui produisent les bons élèves, ou en des termes plus généraux, c'est l'enseignement bien dirigé qui produit les meilleurs résultats.

La pratique de l'enseignement se résume en deux éléments essentiels, la bonne composition des programmes et le choix bien entendu des professeurs. Encore, le premier point n'est-il que la conséquence rigoureuse du second.

Toutes autres considérations écartées, l'instruction, qu'elle soit donnée par l'État ou par la famille sous la garantie de l'État, doit songer d'abord à s'appuyer sur ces deux bases principales.

Là, dès leur origine, les deux systèmes d'instruction doivent se donner la main et se tenir serrés. Sur un terrain qui leur est commun, ils doivent rencontrer tous deux leurs premières conditions de vitalité dans les deux éléments que nous avons cités.

L'instruction privée en a besoin pour se soutenir, pour se développer, pour arriver enfin, dans un temps sensiblement le même et dans des conditions moyennement pareilles, au but que doit atteindre l'instruction publique.

L'instruction publique en a besoin, non-seulement parce qu'elle ne doit pas se laisser dépasser, mais parce qu'elle doit tendre à dominer de toute sa puissance morale l'instruction privée.

Il lui est facile de prendre un tel rôle en main ; elle n'a pour cela qu'à vouloir.

N'a-t-elle pas pour elle la force du nombre et la puissance d'attraction qui, avons-nous dit déjà, lui permettent de réunir autour d'elle toutes les intelligences dont les destinées aspirent sans cesse à se centraliser ?

N'a-t-elle pas pour elle d'immenses ressources centuplées, parce qu'elles sont unies, et qui, dans les mains de l'instruction privée, se divisent et se perdent ?

Avons-nous besoin de répéter ce que nous disions de l'Université ? Qui a fait la force et l'influence de ce corps où se résument, à juste titre, toute la science et toute l'intelligence de la nation ? La centralisation.

La centralisation de l'instruction donnée par l'Université a fourni aux temps qui nous ont précédés, comme à ceux que nous traversons, des gages puissants de développement et d'avenir.

C'est une preuve et une garantie de ce qu'on aurait à faire dans d'autres directions, s'il était démontré que l'Université, telle qu'elle est constituée aujourd'hui, ne peut suffire aux nouveaux besoins qu'entraîne, de plus en plus, l'émancipation intellectuelle des populations.

On a centralisé dans l'Université l'instruction libérale préparée par l'instruction secondaire et par l'instruction primaire.

Pouvons-nous avoir encore, de nos jours, une instruction libérale, ou plutôt toutes les instructions ne doivent-elles pas être libérales ? Existe-t-il une carrière qui n'ait pas sa noblesse ? Et pourquoi l'industrie et le commerce ne sont-ils pas des carrières libérales, tout comme le barreau, la médecine ou l'armée ?

Parce qu'on a su imprimer à celles-ci une marche avancée, en leur traçant un programme large et développé, en les entourant de garanties puissantes inaccessibles à toute autre action qu'à celle de l'étude et de la science acquise.

Parce qu'on a refusé à celles-là l'enseignement qui devait les conduire au même niveau, le véritable enseignement industriel et commercial abandonné trop longtemps dans les bas-fonds de quelques écoles isolées, fonctionnant tant bien que mal, sans lien de ralliement, sans esprit de système, sans organisation puissante, offert comme une impasse aux masses les plus actives et les plus abondantes de la nation.

L'instruction primaire et l'instruction secondaire appartiennent à tous. En y laissant parvenir à d'égales conditions toutes les classes du peuple, on donne l'essor à toutes les capacités qui, s'échappant d'un même rameau uniforme en principe, se diviseront, sous l'influence des inclinations vocationnelles, et s'écouleront, chacune de son côté, vers celle des carrières qui les entraînera davantage.

L'enseignement donné jusqu'aujourd'hui a toujours été ou complétement littéraire et borné aux professions dites libérales, ou trop élémentaire en ce qui devait conduire à la plupart des autres carrières, pourtant bien plus fournies que les premières et recélant dans leur sein une somme considérable des forces vives de la nation.

L'enseignement professionnel, celui qui, pour le peuple, doit remplacer l'enseignement universitaire, celui qui doit lui procurer la jouissance certaine de ses droits et lui tracer sa route dans l'avenir, n'a jamais été compris, ni organisé comme il aurait dû l'être.

Était-ce un vieux levain du système d'inégalité et de privilége des sociétés qui nous ont précédés ?

Était-ce oubli, indifférence ou calcul ?

On n'a pas fait pour l'instruction professionnelle ce qu'on aurait dû faire. On a attendu que les révolutions vinssent exiger de nouvelles promesses que l'avenir, pensons-nous, pourra difficilement récuser.

C'est en faisant pénétrer dans toutes les classes de la société une instruction pratique sérieuse, en harmonie avec les besoins de chacune de ces classes, qu'on pourra poser les bases d'une organisation du travail, qui ne sera plus fondée sur l'utopie et sur le rêve et qui ne cherchera pas pour appui le piédestal des révolutions.

C'est en donnant à cette instruction, non pas d'une façon timide et irrésolue, mais au moyen d'un système d'échelonnement bien compris, la direction industrielle, agricole et commerciale que commandent les besoins des masses, qu'on parviendra à consolider les bases dont nous parlons.

C'est en comprenant que l'enseignement professionnel, posé comme garantie sociale, doit sauver l'avenir, qu'on placera, par le développement de cet enseignement, les premiers jalons d'une organisation nouvelle qui s'établirait difficilement aujourd'hui du premier jet, sans briser les ressorts de la société actuelle.

L'enseignement professionnel, en dehors même de son influence immense sur la moralisation et l'émancipation des masses, doit être une nécessité publique.

Non-seulement il ferme la porte aux révolutions en déversant les idées du peuple vers les sources du travail agricole, industriel ou commercial qui est son lot ; mais par les connaissances spéciales qu'il répand, il tend à augmenter la richesse du pays en en développant la production et en l'améliorant sous le double rapport de la qualité et du prix de revient. Le Gouvernement qui jamais, à aucune époque de notre histoire, n'a disposé d'une plus grande force d'initiative et d'impulsion, le Gouvernement qui ne recule devant aucun essai pouvant accroître la grandeur et la prospérité de la France, qui a touché hardiment à toutes les vieilles idées du passé, quand il a cru que des transformations étaient utiles à l'intérêt général, le Gouvernement, tout-puissant, parce qu'il cherche surtout sa popularité au sein des masses, ne prendra-t-il pas en main l'organisation de l'enseignement professionnel, don le plus libéral, justement, qu'il puisse offrir à ces masses qui ont confiance en lui ?

Examinons ce qu'on a fait jusqu'à présent pour l'enseignement industriel, et ce qu'on pourrait faire. A part quelques écoles d'apprentissage instituées çà et là, sans organisation féconde ni puissante, abandonnées à l'exploitation privée ou laissées à elles-mêmes, sans autre surveillance que le contrôle anodin des administrations communales, toute la question est posée entre l'École centrale des arts et manufactures et les Écoles d'arts et métiers.

Encore, la première, fondation particulière qui n'appartient à l'État que depuis peu d'années, ne se relie en aucune façon, comme ordonnance d'ensemble, avec le programme adopté pour les Écoles d'arts et métiers.

L'École centrale n'est pas plus faite pour servir de complément aux Écoles d'arts que celles-ci pour lui servir d'élément préparatoire. Elles marchent sur des lignes souvent parallèles. Et si l'une garantit une théorie plus développée et plus profonde en certains points, les autres assurent, dans tous les cas, une pratique plus complète et plus sûre.

Nous ne parlerons pas des écoles de maistrance dans les ports, des écoles industrielles ou de dessin de Lyon, de Lille, de Mulhouse, etc., de quelques écoles d'apprentissage particulières ou communales. Toutes ces institutions, à peine appropriées aux intérêts qu'elles doivent servir, ne donnent pas la clef d'un système complet, uniforme. Celles-ci rattachées au ministère de la marine, celles-là au ministère du commerce, d'autres au service des travaux publics, d'autres enfin, et ce ne sont pas les moins intéressantes, soutenues seulement par la charité privée ou par la générosité de quelques villes industrielles.

Voilà tout ce qui est donné à l'enseignement industriel en France, pour servir aujourd'hui à former le noyau d'une organisation en rapport avec les besoins que nous attachons à faire ressortir.

Comment, quand nous avons une Université des lettres qui doit sa force et sa puissance à la centralisation, qui emprunte son influence aux lois d'ensemble qui la régissent, nous n'aurions pas en regard une Université des arts, institution, non pas plus utile, mais d'un intérêt mille fois plus grand, en raison des affinités des masses auxquelles elle doit s'adresser.

Que toutes deux confondues marchent d'un commun accord, jusqu'à la limite vocationnelle où elles doivent se quitter ; qu'elles gravissent ensemble les degrés de l'instruction primaire et de l'instruction secondaire, dans leurs principes généraux.

L'une et l'autre en ont également besoin. Puis, chacune pourvue de ces éléments d'étude qui doivent constituer le citoyen, qu'elles travaillent séparément à faire de leurs adeptes, suivant leurs position et leur aptitude, des hommes d'industrie, de commerce, de lettres, de fonctions publiques, etc., etc.

Pour l'homme du monde, l'instruction Universitaire ne suffit plus. Destiné à traverser toute une époque vouée à l'activité industrielle et commerciale, celui qui ne doit pas faire, en principe, un industriel ou un commerçant, a besoin, néanmoins, aujourd'hui de l'étude des sciences positives.

Appelés, de leur côté, à remplir tous les devoirs du citoyen et de l'homme public, l'industriel comme le commerçant ne peuvent plus se passer des connaissances essentielles qui forment la base de l'instruction libérale (1).

Il s'agit donc, dans l'avenir, d'étudier tout un système nouveau permettant de combiner les *apports* des deux Universités dans les diverses proportions qui correspondent aux diverses carrières.

Si l'on admet que la sommité résumant toutes les phases de l'enseignement universitaire est la Sorbonne, où se concentrent les hautes études des facultés des sciences et des lettres.

Que le point culminant de l'enseignement industriel et professionnel soit, dans le deuxième ordre d'idées que nous présentons, le Conservatoire des arts et métiers, dont les cours ouverts à tous, sans prendre le caractère des études d'une école spéciale, de-

---

(1) L'instruction publique a cherché à se placer dans cette voie, en admettant, depuis quelques années, dans les colléges, le système de bifurcation entre les sciences et les lettres. Peut-être ce système, parti d'une idée excellente en principe, amènerait-il des résultats plus certains s'il était appuyé sur deux ordres différents, au lieu de s'exercer dans la ligne d'une institution unique, où les éléments sont assez divers et assez éparpillés pour ne se réunir qu'avec peine.

vront marcher parallèlement avec l'enseignement public de la Sorbonne.

Puis, comme point de rapprochement entre ces deux termes de l'enseignement supérieur, plaçons le Collége de France accessible à toutes les études qui n'ont pas leur classement naturel dans la hiérarchie littéraire, ni dans celle de l'industrie.

De ce nouveau plan d'ensemble, qui rapprocherait dans l'enseignement public deux systèmes d'éducation faits pour se développer d'un commun accord et trop longtemps désunis, il résulterait, non-seulement d'immenses avantages moraux pour le pays, mais encore de notables ressources économiques.

Le vice radical, nous ne disons pas du système actuel, puisqu'il n'existe pas de système, mais de l'état actuel de l'instruction publique au point de vue professionnel, provient d'un manque de cohésion entre les éléments incomplets et éparpillés, Conservatoire, École centrale, Écoles d'arts, Écoles d'apprentissage, etc., qui forment la base, aujourd'hui, de cette instruction.

Pourquoi, en effet, — si pour un instant nous élargissons notre cadre, — la division de tous les établissements d'éducation publique qui ne se rattachent pas à l'Université? Pourquoi à la *Guerre* l'École polytechnique, dont les destinées sont tout autant scientifiques et industrielles que militaires? Pourquoi au *Commerce* les Écoles d'arts et métiers et l'École centrale, quand les Écoles des mines et des ponts et chaussées sont aux *Travaux publics* (1), celle des Eaux et forêts aux *Finances*, celle de la Maistrance à la *Marine*, etc., etc.? Ce sont autant d'administrations, de services, de bureaux, d'employés, qui font le plus souvent des doubles emplois, qui travaillent en lutte continuelle à bâtir des monuments dont les fondations sont les mêmes, et qui sont divisés d'action, là où forcément les intérêts ont le rapprochement lo plus intime.

Une seule et unique administration dévolue à des hommes spéciaux n'apporterait-elle pas dans tout ce chaos l'uniformité qui lui manque? Un ministère dit sérieusement et complétement de l'*Instruction publique*, réunissant en ses mains toutes les branches, quelles qu'elles soient, de l'instruction publique, concentrant tous les services des institutions où l'État distribue l'instruction à quelque titre et à quelque degré que ce soit; un ministère ainsi compris ne serait-il pas une grande et belle création à chercher

____

(1) Ces écoles, aujourd'hui rattachées au ministère du commerce et des travaux publics, relèvent néanmoins de directions et d'administrations très-différentes.

pour un Gouvernement véritablement progressif et national, comme le Gouvernement que huit millions de suffrages ont donné à la France ?

La condition essentielle de toute organisation, c'est l'unité.

Toutes les fois que l'unité peut être admise, et c'est chose possible, quand tous les éléments à réunir sont de même nature, elle est une cause d'ordre, de simplification, d'économie, de durée.

Dans l'espèce, les éléments homogènes tendent à se souder et à se confondre par l'affinité. Or, il est bien permis, sans s'illusionner, de juger que dans les éléments composant aujourd'hui le réseau d'enseignement libéral et professionnel, il existe assez de parties homogènes pour que la réunion ait lieu.

Qu'on veuille que les Écoles spéciales, devant faire des soldats et des marins, demeurent du ressort des ministères de la guerre et de la marine, c'est chose qu'on peut comprendre, bien que l'art militaire, comme la science de la marine, empruntent leurs théories fondamentales aux mêmes bases que les études professionnelles.

Mais s'il y avait, en apparence, quelque contradiction à remettre ces écoles aux mains d'une même administration universitaire ; toutes choses considérées, les études essentielles étant les mêmes, ne seraient-elles pas mieux suivies en passant par la même filière, sauf à se séparer ou à se transformer en un moment donné, quand la vocation s'est décidée ?

Dans l'ordre de choses dont nous parlons, l'art pratique du marin, comme celui du soldat, seraient confiés, en ce qu'ils ont de spécial, à des professeurs du métier, comme seraient les études pratiques de l'industrie, du commerce, de l'agriculture, dans les écoles particulièrement affectées à ces facultés.

L'Université des arts et métiers ne serait donc pas uniquement représentée par un corps enseignant purement théorique. Elle emprunterait à la pratique des hommes spéciaux dans toutes les branches de l'enseignement professionnel ; et rien ne serait peut-être plus facile à rapprocher, à ramener à l'unité, quelque disparate que cela puisse paraître au premier abord, que les hommes de l'enseignement pratique le plus opposé en apparence, le professeur industriel, par exemple, et le professeur militaire.

De ce que nous pouvons dire de la fusion entre l'Université des lettres et l'Université des arts, jusqu'au moment où l'inspiration vocationnelle se dessine, il serait difficile de faire ressortir, en thèse générale, que tous les élèves indistinctement devraient traverser les phases communes de l'instruction primaire et de l'instruction secondaire.

Cette condition ne saurait être admise, à titre rigoureux, qu'en l'appliquant aux enfants des classes aisées, parce que ces enfants ont la facilité de sacrifier un temps plus long à leur éducation et de pousser les études de leur instruction libérale jusqu'aux limites extrêmes où se résout la question d'avenir professionnel.

Les fils du travailleur, voués d'avance aux fonctions industrielles, ayant, de même que les enfants du riche, des droits égaux à l'enseignement public, pourraient, comme eux, parcourir les semblables phases de l'instruction préparatoire. Mais, par la raison qu'il est important de leur assurer, dès que leurs forces agissent, les moyens d'accomplir honorablement et fructueusement leur existence, soit qu'ils demeurent ouvriers, soit qu'ils parviennent aux fonctions plus élevées de contre-maîtres, de directeurs, d'ingénieurs et de chefs d'industrie, ils doivent, dès l'abord, se livrer à la pratique.

De là, l'utilité des écoles spéciales d'enseignement professionnel, non pas seulement du troisième degré, comme celles qui prennent leur point de départ au sommet des limites de l'enseignement secondaire, mais des écoles de premier, de deuxième degré.

Les écoles professionnelles pour les classes non aisées de la société, c'est-à-dire, pour les classes les plus nombreuses du peuple, devraient donc se diviser ainsi :

1er DEGRÉ. — *École primaire professionnelle.*
2e DEGRÉ. — *École secondaire professionnelle.*
3e DEGRÉ. — *Enseignement supérieur professionnel.*

Les écoles du premier et du deuxième degré joindraient l'enseignement pratique industriel à l'enseignement universitaire admis pour les écoles primaires et secondaires actuelles.

Ce dernier enseignement pourrait être, du reste, pour les écoles professionnelles, plus développé quant au côté spécial et technologique de la science, plus dirigé vers l'application de la pratique. Par contre, on simplifierait avantageusement, dans le programme de l'instruction secondaire, quelques parties purement littéraires, dont l'extension serait, sinon inutile, du moins un obstacle au développement plus large des études professionnelles.

En partant de la donnée, exposée plus haut, qui supposerait deux Universités réunies sous une même administration et se vivifiant aux mêmes sources, nous essayerons de crayonner un plan général d'instruction publique.

L'Université des lettres demeurerait sur des bases approximativement les mêmes que celles qui la soutiennent aujourd'hui,

Elle distribuerait l'instruction à trois degrés :

1er DEGRÉ. — *Instruction primaire.*
2e DEGRÉ. — *Instruction secondaire.*
3e DEGRÉ. — *Instruction supérieure.*

Comme nous l'avons dit, ces trois degrés de l'instruction emprunteraient à l'Université des arts, les notions de l'enseignement professionnel indispensables aujourd'hui à tous les citoyens, quelles que soient leurs destinées dans l'avenir.

L'Université des arts et métiers donnerait, de son côté, l'instruction à trois degrés modelés, quant aux études littéraires, sur le programme de l'Université des lettres. Mais cette instruction devrait, pour obéir aux tendances de l'enseignement professionnel, être répartie dans des écoles d'ordre différent.

On aurait ainsi, dans l'Université des arts et métiers :

Écoles industrielles. — Trois degrés.
Écoles d'agriculture. — Trois degrés.
Écoles de commerce. — Trois degrés.
Écoles de la guerre. — Trois degrés.
Écoles de la marine. — Trois degrés.
Écoles des beaux-arts. — Trois degrés.

Dans ces six catégories, on pourrait faire entrer toutes les branches de l'enseignement professionnel :

Écoles des mines.
Écoles des ponts et chaussées.
Écoles de dessin industriel.
Écoles d'application du génie et de l'artillerie, etc., etc.

Comme, dans les catégories du même genre appliquées à l'Université des lettres, on peut classer les divers rameaux complémentaires de l'enseignement dit libéral, savoir :

Écoles de médecine.
Écoles de droit.
Écoles du clergé.
Écoles d'administration, etc.

Ces écoles complémentaires ne seraient qu'à un degré, puisqu'elles n'arrivent, en somme, par la haute portée ou la nature spéciale des études qu'elles exigent, qu'après l'enseignement supérieur du troisième degré dans l'une ou dans l'autre des deux Universités que nous supposons.

Nous n'entamerons pas la discussion des programmes inhérents à la distribution et à l'organisation des écoles que nous venons de nommer comme devant constituer un système uniforme d'éducation publique.

Il nous aura suffi d'indiquer rapidement par quels moyens l'État, tout en laissant à tous la liberté de l'enseignement, pourrait dominer cette liberté par la concurrence définie, comme nous l'avons fait au début de notre travail.

Avec un réseau aussi complet, ramené pour chaque série et chaque degré d'études dans les limites des concours publics, force serait bien à l'instruction privée, sinon de subir passivement les exigences des programmes, au moins d'apporter avec les concurrents qu'elle amènerait aux portes des écoles spéciales, des assurances égales de capacité et de savoir.

Si l'une des portions de l'instruction du peuple a besoin de demeurer dans les mains de l'État, ou tout au moins d'être guidée et dirigée par l'État, c'est, sans contredit, celle de l'enseignement professionnel.

L'enseignement professionnel, abandonné beaucoup trop, dans le passé, à la merci publique, n'a jamais produit les fruits qu'on devait attendre. Nous doutons qu'aujourd'hui encore, il puisse donner des garanties sérieuses.

C'est lui qui réclamait les plus vives sympathies ; c'est lui qu'on a laissé s'étioler, presque s'éteindre, et cherchant dans les secousses des révolutions le droit de renaître qu'on semblait lui nier.

Les terribles ébranlements sociaux de 1848 se fussent-ils produits si l'instruction industrielle, mieux entendue, eût pénétré plus profondément au sein des masses ? — Il est permis de penser au moins qu'ils eussent été amoindris par l'effet du raisonnement que donne l'éducation, par l'effet des améliorations que cette éducation eût dû apporter au sort des travailleurs.

Là, qu'on le reconnaisse, il y a tout à faire.

En élargissant les libertés des classes travailleuses, les révolutions ont imposé le devoir aux Gouvernements de donner à ces classes toute la capacité morale nécessaire pour jouir de leurs droits et les exercer avec raisonnement, intelligence et conviction. — A un bill d'émancipation, il s'agit de répondre, en un mot, par un bill d'instruction.

On ne donne pas des armes à un soldat sans lui apprendre les moyens de s'en servir. Les droits du citoyen, armes pacifiques, quand elles sont dirigées par des mains sûres, deviennent terribles pour qui les emploie sans les connaître et sans avoir la puissance de les conduire.

De là, nécessité absolue, irrésistible de développer aujourd'hui les éléments d'instruction applicables aux ouvriers.

La meilleure manière de prouver aux classes pauvres du peuple qu'on veut leur bien dans l'avenir, c'est de les mettre dès à présent en état de profiter de ce bien quand il viendra.

L'instruction, non pas par des actions isolées, fonctionnant avec des tendances et des prétentions diverses, mais l'instruction réglementée, coordonnée, unifiée, aura seule le pouvoir de tracer au peuple ses devoirs à côté des droits qui lui sont concédés. Et ceux-ci ne seront jamais ni bien compris, ni bien exercés, s'ils ne sont soutenus et développés par ceux-là.

Qu'on organise l'enseignement professionnel en créant des écoles à la fois industrielles, commerciales et agricoles, ou qu'on se rattache au programme général que nous avons tenté d'esquisser, il faut d'abord songer, quoi qu'on fasse, à donner au peuple un système progressif d'enseignement dont toutes les branches se relient les unes aux autres, de manière à former un tout complet.

Que ce tout ne s'appelle pas université des arts et métiers ou université industrielle, nous n'avons pas la prétention de lui imposer un nom.

La question essentielle est d'avoir un ordre d'enseignement mieux distribué et plus complet que celui qui existe aujourd'hui.

Nous avons indiqué trois séries différentes pour l'industrie, le commerce et l'agriculture avec trois degrés d'instruction correspondant à chacune de ces séries.

C'est parce que l'industrie, l'agriculture et le commerce, bien que rivés étroitement au même anneau, ouvrent séparément des carrières assez vastes et assez importantes pour qu'ils aient le droit d'exiger, pour chacun, tout un ordre d'enseignement.

Mais, sauf ce qui concerne les écoles complémentaires, ou du troisième degré, qui devraient toujours être spéciales, on comprendra que l'enseignement peut se concentrer pour les trois catégories dans des écoles d'un même ordre, au premier et au deuxième degré.

Que l'on crée donc des écoles professionnelles appliquées en général, ou séparément, au commerce, à l'agriculture et à l'industrie. C'est ce que nous ne discuterons pas.

Mais cela ne nous empêche pas de croire et de répéter que l'enseignement donné par l'État doit être ramené à l'unité, quels que soient ses développements ; que l'enseignement professionnel, qui est celui de la plus imposante partie de la nation, a besoin d'être, dans la mesure la plus large possible, coordonné, réglé, organisé comme cela existe pour l'enseignement universitaire.

Sur ces données, si nous sommes arrivé à tracer en quelques lignes tout un système qui exige de plus sérieuses études et un examen plus approfondi, on comprendra que notre intention n'a pu être que d'indiquer.

Toutefois, notre indication ne ferait-elle qu'ouvrir la voie à une série de mesures qui pourraient améliorer l'état des choses, ne ferait-elle qu'aider à ramener dans les mêmes mains toutes les écoles d'ordre semblable existant aujourd'hui éparses au milieu d'administrations diverses opposées d'intérêts et d'idées, ne ferait-elle qu'apporter par là plus de garanties dans le choix des professeurs, plus d'ensemble raisonné dans les programmes des études, plus d'économie résultant d'une direction commune, nous n'aurions qu'à nous féliciter de l'avoir donnée.

Ces résultats en tout ou en partie obtenus ;

La puissance d'action du Gouvernement démontrée en matière d'enseignement public ;

La concurrence énergique de l'État, tuant l'enseignement privé, quand il ne saura pas se maintenir à la hauteur voulue, l'excitant, quand il se sentira la force de s'élever ;

Une liberté, enfin, qui, comme toutes les libertés, peut s'élever à la licence, livrée à tous ses droits, mais combattue et dominée par une action morale ;

Telles sont les conséquences que nous voudrions pouvoir déduire de ce qui précède.

Cela dit, nous reviendrons particulièrement sur la question de l'enseignement industriel, question qui est l'objet principal de cette étude et que nous voulons examiner sous divers points de vue, en la dégageant du système d'enseignement général que nous venons de traiter.

L'enseignement industriel, qui est, par excellence, l'enseignement populaire, doit commencer avec l'enfance, pousser son développement jusqu'au point où commence la vie du travailleur, et continuer à jeter ses rameaux, une fois ce point dépassé, afin de compléter chez l'ouvrier l'habileté par l'expérience et par l'étude, afin de lui ouvrir, selon ses aptitudes, la carrière industrielle dans toute son étendue, depuis la position obscure de l'humble exécutant jusqu'aux fonctions les plus élevées de l'ingénieur et du manufacturier.

L'apprentissage, tel que l'a compris jusqu'à présent la pratique de l'industrie, n'a pas été, il faut le reconnaître, à la hauteur des progrès sociaux qui ont signalé notre époque.

Trop souvent l'apprentissage a été une duperie et une déception, quand il n'a pas été une extorsion et un vol faits aux travailleurs.

Prendre les enfants en bas âge, pour un temps donné, le plus long possible, exiger des parents des sacrifices toujours trop forts pour payer l'apprentissage, ne confier aux apprentis, pendant la durée de leur contrat, que des travaux de manœuvres, des corvées, des services entièrement étrangers à leur industrie, ne leur montrer strictement que les éléments du métier qu'on leur doit, afin de les payer moins cher une fois leur apprentissage terminé ; telles sont, malheureusement, les conditions les plus communes offertes par le plus grand nombre des maitres qui *font* des apprentis.

Tous les maîtres, du reste, ne *font* pas des apprentis. Pour beaucoup d'entre eux, l'apprentissage est, au point de vue économique, une dépense improductive.

Perte de temps dans la fabrication, dépense de matériaux gâchés et sacrifiés en pure perte, difficultés de l'instruction industrielle, surveillance difficile et pénible de chaque instant, responsabilité toujours sérieuse, tout cela vient s'opposer à l'apprentissage dans les usines qui raisonnent à froid les conditions de leur prospérité.

Dans les établissements isolés où l'on occupe des ouvriers locaux, on fait ordinairement des apprentis, parce qu'on s'assure une population ouvrière pour l'avenir et parce que les apprentis complètent leur pratique industrielle une fois passés ouvriers.

Mais, dans les grands centres manufacturiers, on ne veut pas d'apprentissage, ou bien on ne l'accepte qu'avec des charges onéreuses pour les familles, soit comme argent à verser à titre d'indemnité au fabricant, soit comme temps plus ou moins long à sacrifier, ce qui revient absolument à la même chose.

L'apprentissage, dans les petits ateliers, n'est pas seulement, comme il arrive trop souvent, une exploitation de l'apprenti par le maître ou par le compagnon, il est stérile, parce qu'il n'a pas d'émulation, parce que l'enseignement ne change pas de mains, parce que les travaux sont restreints.

A quoi conduit l'apprentissage dans les établissements privés, en supposant d'ailleurs que toutes les questions de loyale exécution des contrats, bonne direction, moralité, etc., soient consciencieusement observées ? — Il mène à procurer aux ouvriers une pratique restreinte, basée uniquement sur les éléments de la fabrication qu'ils ont suivie, fabrication qui varie presque toujours suivant les usines, bien que dans un même ordre de produits.

Et, en supposant que cette pratique embrasse toutes les connaissances à tirer de l'industrie qu'ils ont adoptée, les ouvriers, à de rares exceptions, sont trop souvent les ouvriers que nous connaissons, n'ayant acquis que la partie rude et fatigante de leur métier, ignorant toutes choses en dehors d'une exécution matérielle ordinaire.

Car, les maisons qui forment des apprentis ne perdent pas de temps à leur donner des notions de théorie. — On pourrait citer quelques exceptions honorables ; mais elles sont bien rares. — Ces maisons s'attachent d'abord à faire produire les enfants, pour compenser les frais d'apprentissage, et à les mettre à même de rendre au plus tôt des services dans telle ou telle partie de la fabrication où on les tient d'autant plus indéfiniment qu'ils sont devenus plus habiles, comme ouvriers spéciaux.

Comment, après tout, des fabricants serrés par la concurrence, obligés de simplifier les mains-d'œuvre et de les obtenir à prix réduits, pourraient-ils songer à enseigner autre chose que la partie, ou plutôt l'une ou l'autre des parties matérielles de leur industrie ?

Les patrons les plus dévoués, ceux qui se préoccupent le plus de l'avenir moral de leurs apprentis, ne peuvent guère leur offrir d'autre éducation que celle de la pratique. Dans les grandes villes, les cours publics ne font pas faute aux ouvriers soucieux de s'instruire et de se former aux notions de la théorie. — Mais c'est une ressource qui manque partout ailleurs ; et c'est, l'on en conviendra, au plus grand nombre que cette ressource est enlevée.

Même dans les villes où les ouvriers peuvent trouver quelques éléments de l'instruction théorique, cette instruction n'est pas toujours à la portée de leur industrie en particulier. Elle est générale, et s'il ne peut être que bon de la rechercher, si elle offre des données qui peuvent s'appliquer à toutes les branches de l'industrie, elle ne saurait qu'être insuffisante pour un certain nombre d'arts ou de métiers, du moins, où la science a tout autant à voir que la pratique.

D'ailleurs, si l'enseignement public donné par les villes, si les bibliothèques communales créées au profit des travailleurs de l'industrie et de l'agriculture, si les musées industriels, si les expositions, les concours régionaux et tant d'autres institutions utiles doivent tendre, un jour, à faciliter la fusion entre la science et l'industrie, ces institutions ne sont comprises ou suivies, jusqu'à présent, que par un petit nombre d'adeptes. — Il en est de ces choses comme de toutes les choses libres que la règle ou la loi ne forcent pas. Chacun en prend à sa guise. — Jusqu'à ce qu'elles soient bien senties, jusqu'à ce qu'elles aient pris racine dans les habitudes des classes ouvrières, ce qui est une affaire de temps et de long temps, elles ne profitent qu'à de rares natures de chercheurs ou de travailleurs qui, sans qu'on les pousse, vont d'eux-mêmes au-devant de toutes les occasions susceptibles de les éclairer ou de les instruire.

Les institutions dont nous parlons ne peuvent donc pas suppléer aux services que rendraient les écoles d'apprentissage.

D'un autre côté, il faut reconnaître que les usines qui font des apprentis ne peuvent pas tenir école ouverte pour enseigner la théorie des métiers qu'elles mettent en pratique.

Si elles ont des écoles réglementaires où l'enseignement le plus simple est mis à la portée des jeunes apprentis qui n'en profitent qu'autant qu'ils ont été préparés avant leur admission dans les ateliers, par les leçons de l'instituteur primaire, il leur serait difficile d'admettre des écoles d'apprentissage, dans l'acception utile et rigoureuse du mot. Et, si de pareilles écoles étaient obligatoires, l'apprentissage, déjà difficile aujourd'hui, serait amené d'un seul coup à l'impossible, du moins dans les conditions actuelles de l'organisation des établissements industriels.

Si l'on considère l'apprentissage tel qu'il est pratiqué dans l'industrie, on lui trouve des vices si nombreux qu'il nous serait à peine possible de les faire ressortir.

Nous nous bornerons à n'indiquer, au hasard, que ceux qui, frappant le plus nos idées, viennent se placer au courant de notre plume.

Très-rarement, à moins de facilités exceptionnelles, un apprenti est ouvrier au sortir de l'apprentissage.

Par trois, quatre, cinq ou six années de corvées, de travail pénible, de sacrifices, il a conquis le droit d'avoir été apprenti et de se dire ouvrier.

C'est alors qu'en travaillant plus librement, en voyageant, en visitant un certain nombre d'ateliers, il devient vraiment ouvrier, et habile ouvrier, si son intelligence et son adresse naturelle le servent bien.

Mais, cette intelligence et cette adresse n'ayant pas chez lui un développement prononcé, l'apprenti, devenu ouvrier, ne fera qu'un ouvrier ordinaire, parce que l'apprentissage qui aurait dû éveiller ses aptitudes, loin de les avoir servies, les aura absorbées plus profondément.

Ceci explique pourquoi les métiers qui n'exigent que la force physique, où tout le travail semble fuir l'intelligence, regorgent de travailleurs devenus ouvriers sans autre apprentissage qu'un surnuméfariat de manœuvres et de corvées, sans autre étude que celle qu'ils ont recueillie à voir faire *les autres*.

Les métiers, au contraire, qui demandent une pratique approfondie, un savoir-faire habile et raisonné, où la théorie serait, dans tous les cas, une nécessité indispensable, ces métiers-là manquent souvent d'ouvriers capables, parce que l'apprentissage, plus long, plus difficile, plus coûteux, n'a pu développer qu'un ou deux ouvriers intelligents sur dix qu'il a préparés.

Tout le mal qui résulte de l'apprentissage ne vient pas seulement des patrons. Les ouvriers eux-mêmes qui confient leurs enfants à l'apprentissage ne le font qu'à regret, parce que c'est, à leur point de vue, non-seulement une privation qu'ils s'imposent, mais encore une réduction dans le budget de leur ménage.

Les enfants, en effet, auront, dès le principe, un salaire qui aidera leur famille à vivre, si, au lieu d'en faire des apprentis, on les occupe à remplir un métier de manœuvre ou de souffre-tout dans les manufactures. — Tant mieux pour eux, si à force de rattacher des courroies, de trier ou d'empaqueter des marchandises, de broyer ou de triturer des matières, de traîner ou de porter des fardeaux, ils peuvent, en examinant autour d'eux, surprendre quelques-uns des secrets de la fabrication et devenir un jour des *espèces* d'ouvriers.

Ceux-là auront fait des apprentissages qui n'auront rien *coûté* à leurs parents ; ils auront *seulement* risqué leur vie, ruiné leur santé, dépensé péniblement leurs jeunes années pour arriver à faire un apprentissage *gratuit*.

Si quelques familles d'ouvriers adoptent sérieusement pour leurs enfants les conditions ordinaires de l'apprentissage, elles songent rarement à faire dépasser à cet apprentissage les limites qui ont arrêté celui des pères. La question de résultat n'est plus alors dans l'enseignement industriel voulu par le métier adopté ; elle est dans la journée que l'apprenti pourra gagner une fois qu'il sera passé ouvrier.

On comprend tout cela. — Les ouvriers ont des enfants. Il faut que la famille s'habille, se nourrisse, s'élève. Et quand le salaire du père de famille ne suffit pas, il faut que les enfants deviennent productifs, à peine nés.

Le mal disparaît, la famille, au lieu d'être une spéculation, peut s'accroître sans cesser d'être une garantie, si l'État, tout en n'assurant pas, ce qui lui est impossible, le travail et le salaire à l'ouvrier, lui offre, du moins pour ses enfants, l'instruction industrielle gratuite et publique.

L'apprentissage par l'État peut donc, sans constituer un monopole, servir de compensateur à l'apprentissage par l'industrie privée.

Ici les considérations sont plus sérieuses, s'il est possible, en raison du plus grand nombre de parties intéressées.

Sous peine de rentrer dans le problème ardu et compliqué de l'organisation du travail, problème qui, suivant nous, ne peut être entamé que fractionnellement, comme nous le faisons, nous ne pouvons pas prétendre que l'État doit se charger de tous les apprentissages.

Il est des métiers, d'ailleurs, qui n'exigent, à sérieusement parler, aucune espèce d'apprentissage proprement dit.

Ce sont ces métiers où la pratique s'acquiert presque en un instant, où l'expérience n'apporte que peu de chose, où la théorie, si elle paraît s'y rattacher, tient si peu de place, qu'elle ne doit pas former l'objet d'un enseignement spécial.

A ceux-là le Gouvernement ne peut qu'offrir des notions générales, communes à tous les ouvriers et données dans tous les établissements d'enseignement professionnel.

Évidemment, l'enseignement pratique, en d'autres termes, l'apprentissage, ne peut être fourni par les écoles du Gouvernement à chaque série de métiers en vigueur dans l'industrie. Ce serait multiplier à l'infini et sans profit utile pour un grand nombre d'états, les ateliers d'enseignement industriel.

Pour des professions spéciales liées à l'avenir du pays, se rattachant à la pratique des sciences exactes et fondées sur des théories mathématiques, l'État peut songer seulement à créer des Écoles d'arts et métiers.

Nous entendons parler d'un système général d'Écoles d'arts et métiers, et non pas seulement des Écoles d'arts et métiers spéciales existant actuellement, les Écoles de Châlons, d'Angers et d'Aix.

La trace la plus sensible d'organisation, si quelque chose est organisé dans ce qui est fait aujourd'hui, est celle que laissent les Écoles impériales d'arts et métiers, si imparfaitement qu'elles soient constituées.

Là, tout au moins, le sentiment de la pratique n'est pas perdu de vue, et on le voit marcher à peu près de front avec l'enseignement de la théorie.

Les écoles que nous citons travaillent à produire des ouvriers relativement habiles au point de vue à la fois théorique et pratique de l'art. Elles peuvent même assurer pour l'avenir à leurs élèves de larges et fructueux débouchés dans les carrières industrielles.

Les ouvriers qu'elles forment, soutenus par un travail incessant et aidés par l'intelligence, sont susceptibles de gravir les sommets de l'industrie et de fournir un jour des chefs de travaux, des directeurs d'usines, des ingénieurs d'un mérite non contesté.

Mais ces résultats sont-ils dus surtout à l'enseignement des écoles ? Ne doit-on pas les attribuer plutôt à l'aptitude des élèves, aux traces de l'instruction première acquise avant l'entrée aux écoles, aux études complétées après la sortie ?

Les Écoles d'arts et métiers, dont l'instruction industrielle appliquée aux sciences est renfermée dans des limites trop larges si l'on ne veut faire que des ouvriers, trop justes si l'on veut obtenir des chefs industriels, peuvent-elles donner à leurs élèves tous les éléments que réclament aujourd'hui les progrès de l'industrie et de la science ; peuvent-elles assurer aux jeunes gens, que leur insuccès dans les études théoriques devra laisser ouvriers, les moyens de gagner honorablement leur vie quand, à dix-neuf ou vingt ans, âge où les apprentissages sont terminés partout, ils viendront prendre place dans les ateliers ?

Ce sont des questions auxquelles nous n'oserions pas répondre, bien que connaissant à fond les Écoles d'arts et métiers.

Dire qu'on s'est occupé d'une manière sérieuse et efficace de l'impulsion progressive à donner à ces écoles depuis l'époque de la fondation, ce serait évidemment beaucoup trop dire.

La création de la première École d'arts et métiers, qu'une inspiration de généreuse philantropie souffla au cœur du duc de Larochefoucauld-Liancourt, nous a valu, de transformation en transformation, l'organisation des trois Écoles que nous ayons aujourd'hui.

Adoptées avec empressement par l'empereur Napoléon Ier, qui voyait dans ces établissements des pépinières fécondes pour les sous-officiers de l'industrie, délaissées ou mal comprises par la Restauration, peu appréciées ou négligées sous le Gouvernement de 1830, discutées par la République, les Écoles d'arts et métiers doivent attendre du nouvel Empire des réformes plus radicales et des progrès plus sérieux que tout ce qu'elles ont obtenu sous d'autres régimes où l'amélioration du sort des travailleurs et les perfectionnements de l'industrie n'étaient pas rangés parmi les premières conditions du succès.

Toutes les fois que l'occasion s'est présentée de s'occuper des Écoles d'arts, il a pu être fait de louables efforts, on a pu apporter d'utiles réformes dont nous ne voudrions pas nous permettre de mettre en doute la loyauté et la convenance. Mais ce qui a été fait pour ces établissements, n'a véritablement pas pris de caractère progressif sérieux. Les écoles devaient ressentir le contre-coup inévitable de l'impulsion générale imprimée à l'industrie française. En examinant les faits accomplis, on est en droit d'affirmer que ce contre-coup n'a pas eu toute la portée et tout l'essor qu'on pouvait attendre.

Sans vouloir engager aucun débat avec ceux qui ont été appelés à régler l'action et mesurer la vie des écoles industrielles, nous croyons qu'on peut dire hardiment qu'on n'a pas su, qu'on n'a pas voulu ou plutôt qu'on n'a pas pu se tenir à la hauteur du mouvement industriel et scientifique que nous traversons et dont le flot continue à nous entraîner rapidement.

Quels changements dans les programmes, quelles additions aux études, quelles transformations dans le personnel et dans l'organisation des Écoles d'arts et métiers devrait-on chercher aujourd'hui ? — Ce sont des points qui exigeraient de certains aperçus et un ordre de discussion que nous n'aborderons pas. — L'étude d'un système complet comme celui que nous proposons entraînerait, d'ailleurs, avec elle le remaniement des Écoles d'arts et métiers. Et sous ce rapport, nous n'essayerons pas d'envisager ces Écoles à un point de vue isolé.

En dehors de la création des Écoles d'arts et métiers, le rôle de l'État ne peut, du reste, se borner qu'à une intervention efficace (peut-être plus efficace et plus sérieuse que celle qui a lieu aujourd'hui) dans les manufactures qui font des apprentis, à surveiller l'apprentissage et à organiser toutes mesures nécessaires pour que cet apprentissage marche de front avec l'enseignement donné dans ses écoles.

L'intervention de l'État représentée auprès des fabricants par les conseils des prud'hommes ou par des agents spéciaux chargés, en même temps de la surveillance dans les manufactures et des inspections dans les écoles professionnelles, garantirait à l'apprentissage fait dans les ateliers de l'industrie toutes les conditions de moralité, de sûreté, de perfection, etc., etc., que le droit public a lieu d'exiger.

Quant à ce qui concerne l'apprentissage ou l'instruction professionnelle par l'État, nous trouvons, en cherchant à étudier un système général allant, du premier degré de l'apprentissage et de l'enseignement primaire, au plus haut point de l'échelle industrielle et scientifique, qu'on pourrait admettre deux sortes d'écoles professionnelles industrielles :

Les écoles industrielles où le programme de l'instruction serait dirigé dans un sens applicable à toutes les professions dont l'apprentissage se ferait hors de ces institutions ;

Les Écoles d'arts et métiers où les études de même nature, en thèse générale, que celles des écoles industrielles, seraient appropriées plus particulièrement à la pratique par le moyen des ateliers d'apprentissage.

Quelques-unes de ces dernières existent aujourd'hui, hétérogènes et en petit nombre, il est vrai, mais pouvant, transformées ou modifiées, donner la mesure de ce qui serait à faire.

Les premières plus faciles à créer, puisqu'elles n'exigent pas d'ateliers, peuvent se constituer aisément dans tous les centrés industriels susceptibles de fournir au moins cinquante élèves.

L'enseignement industriel devrait être échelonné, avons-nous dit, à trois degrés, comme l'enseignement universitaire.

Essayons d'en tracer le programme :

1er degré. — Écoles primaires industrielles.

Ces écolés où les enfants des ouvriers entreraient de 10 à 15 ans, après avoir passé par les crèches, les écoles maternelles, les salles d'asile, etc., donneraient aux élèves l'enseignement primaire suivant le mode adopté par l'Université, disposeraient les enfants aux vocations industrielles, feraient commencer l'apprentissage pour les métiers faciles et peu pénibles, prépareraient aux écoles du deuxième degré, etc.

Ces établissements seraient gratuits pour tous (1).

Les écoles primaires industrielles doivent poser les premières conditions du problème que nous soulevons et qu'ont entamé à peine les diverses applications tentées jusqu'à présent. Distribuer l'instruction aux masses en l'élargissant dans la plus large mesure possible vers l'augmentation du mouvement professionnel, conduire, pour ainsi dire, d'une même main, l'apprentissage de l'ouvrier et celui du citoyen, de telle sorte que l'ouvrier, en gagnant ses grades de citoyen, acquière en même temps les moyens de gagner sa vie : tel est le rôle des écoles primaires industrielles, telles sont les destinées qui les attendent.

2e degré. — 1° Écoles industrielles;
2° Écoles d'arts et métiers.

Nous avons expliqué la différence que nous comprenons entre ces deux types d'institutions.

(1) Ce qui vaudrait mieux peut-être que le système dit de rétribution scolaire, appliqué aux écoles primaires actuelles, où trop souvent, des familles relativement aisées renoncent à envoyer leurs enfants pour faire l'économie de la minime somme qu'elles sont appelées à payer.

Chacun d'eux recevrait les élèves de premier degré, soit suivant rétribution, soit gratuitement, mais toujours après concours.

La durée de l'instruction serait fixée à trois ans, soit de 15 à 18 ans.

Le programme théorique comprendrait :

Les mathématiques élémentaires ;

Des notions complètes de mécanique, physique et chimie appliquées ;

Des cours de dessin industriel ;

L'étude de la langue française ;

Des cours de comptabilité et d'économie industrielle, d'histoire générale, de géographie, etc.

Le programme pratique serait variable suivant la position des écoles et les besoins industriels inhérents à chaque localité. Il donnerait place à tous les arts et métiers, dont l'enseignement peut se lier à celui du programme théorique et dont l'application largement organisée dans les grands centres industriels garantirait à ces centres une pépinière choisie de bons ouvriers, de chefs d'ateliers et de directeurs d'usines.

Les écoles du deuxième degré seraient préparatoires pour les écoles du premier degré, où l'on n'entrerait également qu'après concours. Elles recevraient à titre gratuit, de même que dans les écoles du troisième degré, un certain nombre d'élèves capables, entretenus à titre de boursiers, comme, du reste, cela existe aujourd'hui dans les écoles qui fonctionnent, soit par l'État, soit par les départements, soit par les communes, soit par des fondations particulières.

3ᵉ degré. — 1° Écoles centrales industrielles ;
2° Écoles normales industrielles.

Ces écoles donneraient le complément du haut enseignement industriel.

Les premières, dont le programme devrait atteindre les dernières limites de la science industrielle, recevraient tous les élèves ayant rempli les conditions des concours, à quelque source qu'ils aient puisé leur instruction, mais surtout les élèves préparés par les écoles du deuxième degré.

Ces institutions n'auraient pas d'autre enseignement pratique que celui des manipulations appliquées à l'étude des sciences.

Leur programme théorique serait moyennement celui qui est adopté aujourd'hui pour l'École centrale des arts et manufactures. Il atteindrait, comme extension, les proportions du programme des études de l'École polytechnique, et il prendrait naissance à la limite extrême des études du deuxième degré.

A vingt ans ou à vingt et un ans, les élèves sortiraient directeurs d'usines, ingénieurs civils, ingénieurs-mécaniciens, métallurgistes, chimistes, ingénieurs de l'État pour les travaux publics, les chemins de fer, etc.

Les écoles normales industrielles seraient l'expression de toutes les écoles industrielles des trois degrés. L'instruction y serait donnée de manière à former pour ces écoles des professeurs d'enseignement scientifique et industriel.

Il y aurait ainsi liaison intime entre toutes les branches d'un même système d'enseignement industriel ; et les écoles des divers degrés, en suivant des programmes ascendants, seraient, en quelque sorte, solidaires les unes des autres et se constitueraient par leurs propres ressources.

Les transformations ou les modifications à apporter dans l'état actuel des choses pour organiser le système dont nous parlons, seraient relativement peu sensibles, eu égard au but qu'elles devraient atteindre.

Les établissements existants, augmentés de nouvelles écoles, qui manquent aujourd'hui dans les plus grandes villes de France, seraient les premiers anneaux de la chaîne à établir.

Les écoles d'apprentissage particulières ou communales reprises par l'État seraient le point de départ du premier degré ;

Celles des arts et métiers, des mineurs de Saint-Étienne et d'Alais, de maistrance, etc., les bases du deuxième degré ;

Enfin, celles des arts et manufactures, des mines, des ponts et chaussées, etc., l'expression des établissements du troisième degré.

En coordonnant les programmes, en les rapprochant, en leur donnant ce qui leur manque, en faisant, pour ainsi dire, de tout cela, une organisation à trois étages, au lieu de cinq ou six organisations décousues qui perdent de leur valeur, parce qu'elles sont mal comprises, on aurait bientôt toute une série d'écoles qui répondraient énergiquement au besoin si vivement senti aujourd'hui de donner de l'instruction aux masses industrielles, et d'ouvrir enfin pour elles ce qu'on leur a tant de fois promis et si longtemps fait attendre, une voie d'émancipation morale et intellectuelle.

L'organisation possible pour l'enseignement professionnel industriel, en usant des matériaux qu'on a sous la main, serait sans doute applicable, sur des données proportionnelles et en se servant également de ce qui existe, aux écoles professionnelles agricoles, aux écoles de commerce, etc.

Parmi celles-ci, l'école municipale Turgot, que la ville de Paris a développée avec une grande puissance dans ces dernières années, est un excellent type à citer, comme combinaison utile des éléments de l'instruction commerciale et de l'instruction industrielle. En vue des classes nombreuses qui, liées à la fois à l'industrie et au commerce, n'ont pas besoin rigoureusement de l'apprentissage indispensable aux masses purement ouvrières, l'école Turgot est organisée pour offrir les plus sérieuses ressources.

Les programmes obligatoires pour tous les élèves, quelles que soient leurs destinées futures, embrassent, en dehors de l'étude des langues et des notions particulièrement nécessaires aux carrières commerciales, toutes les données théoriques et pratiques des sciences appliquées à l'industrie. C'est la fusion, en un mot, des écoles de commerce et des Écoles d'arts et métiers, fusion à chercher pour tous ceux qui ne voudraient pas de l'apprentissage. L'école Turgot est, dans les écoles du deuxième degré dont nous avons parlé, sauf l'apprentissage et avec certains éléments d'instruction complémentaire que n'ont pas les Écoles d'arts et métiers, la représentation des écoles industrielles que nous plaçons sur la même ligne que celles-ci, comme devant conduire aux institutions du troisième degré.

L'apprentissage considéré, non pas seulement comme moyen de former des ouvriers, mais comme ressource hygiénique, comme application des forces de l'homme, comme donnée d'un développement matériel qu'on recherche ailleurs dans les gymnases, doit être utile aussi bien aux enfants du commerçant, de l'industriel, qu'à ceux de l'ouvrier.

Mais il lui faut une limite, et cette limite, indépendamment de la démarcation naturelle qui existe entre l'industrie et le commerce, est posée là où les programmes atteignent des hauteurs accessibles seulement à quelques intelligences d'élite, auxquelles la gratuité peut faire place, ou aux jeunes gens appartenant à des familles en état de fournir les dépenses d'une instruction complète.

Il est évident que les écoles sans apprentissage doivent être constituées selon des programmes plus variés et d'un tout autre ordre que ceux à chercher dans les Écoles d'arts et métiers proprement dites. A celles-ci pourtant, il faut, à côté de l'enseignement pratique, des études spéciales se rattachant à cet enseignement, plus un ensemble d'études vulgaires qui doivent être aujourd'hui à la portée de tout le monde et qui ont pour objet, par la variété qu'elles apportent, de développer les intelligences en évitant de les spécialiser d'une façon trop absolue.

Comme on ne saurait prévoir les transformations que réservent à l'avenir les progrès de la science et de l'industrie, il est bon de mettre en état les élèves d'une école, quelle qu'elle soit, d'une école pratique même, de pouvoir changer de carrière à un moment donné, si les circonstances ou leurs aptitudes les poussent vers une voie différente de celle ouverte à leurs débuts. Un changement de carrière n'aura pas lieu, certainement, sans études nouvelles, sans recherche d'un complément d'instruction plus ou moins spéciale. Mais ce seront choses d'autant plus faciles à acquérir que l'enseignement préparatoire aura été plus abondant et plus varié.

Dans le système que nous cherchons, nous comprenons fort bien qu'on s'attache à enlever aux écoles industrielles, pratiques ou non, tout caractère particulièrement déterminé. Pour l'enseignement théorique, il faut se mettre en mesure de répondre aux besoins du plus grand nombre d'industries. Pour l'enseignement pratique, il doit suffire d'adopter un certain nombre de métiers qui, comme ceux enseignés dans les Écoles d'arts et métiers, se plient à des applications générales et qui, s'appuyant sur l'étude des sciences, pourraient être appelés à juste titre des *métiers libéraux,* si l'on ne veut pas trouver notre expression trop ambitieuse.

Pour ces métiers, de même, du reste, que pour tous ceux qui se recommandent par leur importance, par le nombre de bras ou de têtes qu'ils emploient, les ateliers de l'industrie offrent d'eux-mêmes d'excellentes écoles d'application où peut se compléter et se perfectionner l'enseignement pratique.

D'un autre côté, pourquoi, à côté des écoles professionnelles du deuxième degré, n'aurait-on pas des écoles d'application spéciales, que l'État ou les communes pourraient aisément créer à peu de frais, en se servant, en partie du moins, d'exploitations déjà organisées ?

Ainsi, les ateliers des compagnies de chemins de fer, les usines de la marine et les arsenaux de l'État, les fondations particulières de quelques grandes villes industrielles, certaines écoles spéciales du Gouvernement, le Conservatoire des arts et métiers lui-même, viendraient offrir, sans transformations ou sans difficultés excessives, d'excellentes écoles d'application, répondant à la plupart des besoins des grandes industries et se fondant aisément dans l'ensemble du système d'enseignement industriel que nous venons d'examiner.

En tout cela, répétons-le, nous ne cherchons pas à émettre des données absolues. Nous essayons seulement de mettre en avant des idées utiles desquelles, nous n'en doutons pas, une étude plus approfondie ferait sortir, sinon toute une régénération de l'enseignement industriel, du moins quelque chose de mieux que l'organisation imparfaite qui existe.

Il est bien certain que le champ où nous venons de creuser un sillon a besoin d'être profondément remué et travaillé. Le moment est venu de se mettre à l'œuvre. C'est d'autant plus urgent qu'il s'agit d'un terrain qu'on ne saurait bouleverser, ni transformer en un jour.

C'est d'autant plus indispensable que sur ce terrain, où l'esprit industriel et commercial des Anglais nous a battus trop longtemps, la volonté persévérante des Allemands viendra nous trouver bientôt, si nous n'avançons pas.

Aussi, même en dehors des services qu'il rendrait à la nation toute entière, par l'organisation et l'extension de l'éducation professionnelle des masses, le pouvoir qui nous dirige avec un sentiment si profond des besoins du moment et des exigences de l'avenir, doit-il se préoccuper sans retard de faire davantage pour une question si grave au point de vue politique et social de la France.

DE LA PROPAGATION

DES

CONNAISSANCES INDUSTRIELLES

Dans nos études sur l'instruction industrielle, nous avons examiné par quels *modes* d'enseignement, depuis les écoles d'apprentissage jusqu'aux institutions du degré le plus avancé vers les limites extrêmes de la science, l'avenir pourrait se préparer une pépinière féconde, offrant à l'industrie ses soldats, ses sous-officiers, ses officiers et ses généraux, les uns rompus aux tendances d'une pratique solide et éclairée, les autres unissant à la pratique les connaissances théoriques nécessaires à qui doit commander et diriger, les derniers assez élevés dans la science en même temps qu'assez pénétrés du sentiment pratique pour dominer le mouvement industriel, l'éclairer, le guider, le développer en connaissance de cause.

Il nous reste à voir comment chacune de ces catégories, qui composent l'armée des travailleurs de la science et de l'industrie, peut, en dehors du mouvement et de la vie des écoles, trouver la pâture qui convient à ses aptitudes, et parvenir à se former, à se compléter en acquérant les éléments qui lui manquent pour se maintenir au niveau du flot que soulève incessamment le progrès.

Un long exercice de la profession apporte ordinairement à chaque travailleur une dose d'expérience d'autant plus complète et plus efficace que le travail s'est accompli avec discernement, avec raisonnement, en dehors de toute abstraction exclusivement mécanique, qui fait que les membres agissent quand la tête est inactive, que l'intelligence sommeille quand la matière seule est en éveil.

Mais l'expérience acquise ainsi ne tend pas généralement à développer les idées. Elle peut devenir le fruit d'une ou de plusieurs *observations*, qu'une pratique persévérante de la même industrie a fait naître ou germer dans l'esprit du travailleur, sans toutefois avoir dépassé certaines limites inhérentes à un même cercle.

Qu'un ouvrier, qu'un chef d'atelier, qu'un directeur de travaux ne quitte pas l'usine dans laquelle il a débuté, soit après son apprentissage, soit à sa sortie des écoles, il pourra devenir habile en son art; il pourra même faire faire certains progrès à son industrie; mais si son intelligence n'est pas très-grande, s'il n'a pas l'esprit chercheur et le sentiment d'intuition qui chez quelques hommes remplace l'instruction, il restera le travailleur ordinaire, pouvant accidentellement mettre la main sur une idée utile, *mais* le plus souvent, se laissant traîner à la remorque de son industrie plutôt que la poussant en avant.

Cela est si vrai, que les corporations d'ouvriers qui voulaient progresser avaient adopté jadis la coutume du *tour de France*, coutume suivie encore par un trop petit nombre d'adeptes, qui la pratiquent sérieusement, cherchant à en tirer profit.

A l'époque où les livres étaient rares, où les ressources d'enseignement manquaient, où l'industrie divisée éloignait les travailleurs des centres d'attraction près desquels ils pouvaient puiser la science et chercher l'habileté; où certains métiers, encore dans l'enfance, n'étaient pratiqués que par de rares artisans, vivant isolés, cachant au vulgaire le secret des procédés que leur avaient laissés leurs pères; à cette époque, disons-nous, les compagnons du tour de France étaient à peu près les uniques propagateurs des progrès de la science et de l'industrie. L'artiste et l'ouvrier voyageurs portaient au loin la vie industrielle et la laissaient aux lieux qui les avaient reçus, comme le souvenir d'un bon accueil, comme la marque d'une reconnaissance due bien souvent aux cités qui leur avaient offert une nouvelle patrie, lorsque, fatigués de courir le monde, ils avaient résolu de s'arrêter là où leurs travaux appréciés les avaient faits citoyens.

A cette époque encore, le père envoyait son fils au loin, lui traçait la route qu'il avait suivie avant lui, et ne le revoyait qu'habile en son état, que riche des procédés qu'il avait pu acquérir, des secrets qu'il avait pu surprendre. L'industrie paternelle profitait, grossie par l'apport du fils, et chaque génération apportait ainsi sa pierre au progrès, son obole à l'avenir.

Le progrès était lent et l'avenir était long. Aussi la propagation de l'industrie n'a-t-elle réellement commencé à se multiplier activement et énergiquement qu'à partir du moment où les grandes industries destinées à porter de toutes parts l'expansion de la pensée et du progrès se sont fait jour pour s'amener, pour se déduire, on pourrait dire logiquement, les unes après les autres.

Ainsi, l'imprimerie, la gravure, la lithographie, répandant les œuvres de l'esprit humain et précédant la vapeur, qui devait déplacer et porter au loin, non plus les œuvres de l'homme, mais l'homme lui-même ; ainsi, l'électricité, qui, dépassant la vapeur, devait à son tour condenser l'espace sous un volume tel que l'action humaine est pour ainsi dire instantanée et n'a plus de limites dès qu'il s'agit de porter au bout du monde le contre-coup de la science et de l'industrie.

Nous n'avons plus le tour de France aujourd'hui ; ou du moins, si cette coutume existe encore, elle est restreinte et ne porte, dans tous les cas, que des fruits bien chétifs et généralement peu profitables à l'avenir des travailleurs. Jadis, quand les voyages étaient les seuls moyens de former l'ouvrier, d'augmenter son habileté, d'orner son esprit, de créer son expérience, le tour de France était bien compris. Préconisé, autorisé, ordonné même par la famille, il profitait au plus grand nombre des compagnons qui l'entreprenaient et savaient l'accueillir comme une ressource précieuse.

Aujourd'hui, moins utile, il n'est plus, pour la plupart des travailleurs qui l'accomplissent, qu'un besoin de s'émanciper, de fuir la famille, d'aller chercher au loin, à l'abri des charges que le foyer paternel impose, des distractions douteuses, des plaisirs prématurés, des jouissances énervantes, menant à l'abrutissement plutôt qu'au perfectionnement de l'intelligence.

L'ouvrier ne voyage plus pour apprendre ; il ne cherche plus à acquérir, au sein des ateliers des connaissances sérieuses, tout en économisant sur son salaire l'argent nécessaire pour aller voir et apprendre plus loin ; il *roule*, c'est son mot, de ville en ville, visitant plus les cabarets que les ateliers, ne s'attachant ni ne se faisant rechercher en aucun lieu ; trop souvent s'adressant à la charité publique pour payer les frais d'un déplacement qu'il cherche et n'a pas su prévoir.

L'industrie, limitée comme elle était jadis, vivant par le monopole, se reposant sur l'influence des corporations, des maîtrises, des jurandes, etc., ne pouvait et ne devait produire que des ouvriers chercheurs, voyageant pour s'instruire et se perfectionner dans leur art, rameaux détachés un moment de la souche commune pour revenir s'y greffer à un moment donné, plus forts, plus complets, remplis d'une sève abondante et nouvelle.

Il n'en est plus ainsi de nos jours. La liberté, sapant les bases des vieilles coutumes, a élargi l'industrie, qu'elle a faite abor-dable pour tous. Du nouvel ordre de choses que les révolutions nous ont apporté, il est résulté une telle *expansion* dans la pratique des métiers, que les anciennes associations de maîtres ou d'ouvriers ont dû disparaître pour faire place à un nombre considérable d'actions isolées, aujourd'hui obligées de soutenir, seule à seule, leur individualité et de se former elles-mêmes suivant la loi du progrès.

Cet état nouveau, qui a détruit le monopole et laissé à chacun le droit de se produire, de se pousser par ses propres forces et par son propre mérite, est certainement plus digne d'une nation libre, et plus en rapport avec les besoins des temps où nous vivons. Est-il plus favorable à l'amélioration morale des classes ouvrières ? — C'est peut-être douteux. — Et s'il est évident qu'un plus grand développement intellectuel et certain bien-être matériel, — relatif toutefois, puisque les besoins sont plus grands et les aspirations plus profondes, — se sont déduits des conquêtes de la liberté en faveur de l'industrie, il faut reconnaître que, sous le rapport de la moralité, la fusion des masses qu'ont produit le rapprochement des distances, l'extension des manufactures, le développement du travail industriel, etc., n'a pas beaucoup fait gagner aux classes ouvrières.

Sans rappeler ici le thème, si souvent discuté de nos jours, de la *transmigration* des populations des campagnes vers les centres manufacturiers, il est permis de penser que l'effet de la locomotion chez les masses n'a pas toujours été à leur avantage moral.

Peu d'ouvriers ont voyagé aujourd'hui, qui ont retiré de leurs pérégrinations des avantages sérieux et positifs. Beaucoup, au contraire, n'ont rapporté de leur contact avec la vie des grandes villes que des habitudes de mollesse, de débauche, de faux bien-être qu'ils n'auraient pas contractées en restant chez eux, ou du moins en n'accordant aux voyages que le temps et l'importance nécessaires pour apprécier la valeur de leur industrie ailleurs qu'où ils l'ont apprise et pratiquée.

Les sociétés de compagnonnage qui ont eu, à d'autres époques, une certaine puissance d'action, tendent à s'effacer et à disparaître. Le lien de confraternité qui les animait a perdu de sa force devant l'importance des cohortes d'ouvriers qui, dans chaque métier, assiégent aujourd'hui les portes de l'industrie.

Le petit nombre de ces associations qui survivent laisse plutôt un champ ouvert à l'esprit de camaraderie, au sentiment de l'aide et de la protection, qu'au perfectionnement de l'industrie, qu'à l'amélioration intellectuelle de l'ouvrier.

Il en est de même des sociétés de secours mutuels, qui, classées par catégories d'état, peuvent servir de point de réunion entre travailleurs d'une même industrie, et sont susceptibles, sous divers points de vue sociaux, de rendre d'immenses services, sans pourtant que ces services, à part les chances de leur côté moralisateur, puissent profiter aux progrès de l'art et de l'industrie.

Des associations de ce genre, pas plus que des tournées de ville en ville, telles que les comprennent aujourd'hui la plupart des ouvriers, ne concourent au perfectionnement industriel. Il faut donc chercher ailleurs les moyens de former et de compléter l'ouvrier à sa sortie de l'apprentissage ou des écoles.

Or, tout en cherchant ailleurs et en constatant les excellents effets produits, sous le rapport moral et intellectuel, par les réunions d'ouvriers dans les cours publics, les associations polytechniques ou autres de quelques grandes villes, on revient à se dire que les corporations bien comprises, non plus fondées sur le monopole et l'influence du plus petit nombre, non plus faites pour former de telle ou telle industrie une arche sacrée, accessible seulement à de rares privilégiés, mais portant en elles les éléments réunis des sociétés de secours mutuels, des associations polytechniques, du travail et de l'étude en commun, pourraient et devraient être un moyen d'une grande énergie pour arriver au but que nous cherchons.

Que de ces corporations ainsi constituées, ayant à leurs lieux de réunion les cours scientifiques et industriels qui les intéressent, disposant de bonnes bibliothèques à leur portée, permettant la discussion et l'examen des questions de progrès et d'étude dans chaque industrie; que de ces corporations, disons-nous, il ressorte des concours ou tout au moins des moyens d'appréciation permettant d'attribuer au travailleur qui s'est perfectionné dans son industrie, des diplômes d'ouvriers de troisième, de deuxième, de première classe, on arrivera au véritable système de maîtrise et de jurande, non plus attribué au travailleur par l'arbitraire ou par la préférence de quelques-uns, mais issu du suffrage commun, et par cela même non discutable, par cela même abordable à tous.

Pourquoi, en ce qui concerne les diverses classes des ouvriers de l'industrie, ne verrait-on pas se produire les concours qui confèrent les grades, comme cela se fait partout dans les autres professions, comme cela se fait aujourd'hui pour la plupart des emplois, petits ou grands, de certaines administrations publiques ?

Un ouvrier classé par ses pairs dans la catégorie la plus élevée des travailleurs de son industrie, sera évidemment flatté, honoré d'avoir conquis un tel grade, qui fait de lui un ouvrier d'élite, un premier ouvrier, capable de prendre rang, à un jour donné, comme chef d'atelier parmi les sous-officiers de l'industrie, plus tard parmi les officiers.

De là, un sentiment d'émulation qui sera bientôt compris, et un intérêt puissant pour l'ouvrier sérieux de se rattacher aux associations qui, tout en lui offrant un appui secourable et fraternel, comme font aujourd'hui les sociétés de secours mutuels, lui apporteront, avec l'instruction et les moyens de se perfectionner, la consécration impartiale et équitable de sa valeur comme ouvrier habile et savant en son art.

Non-seulement les associations dont nous parlons formeraient une assistance mutuelle, aideraient à l'instruction et au perfectionnement de leurs membres, dispenseraient les brevets de capacité; mais elles aideraient au placement et à l'avancement de leurs membres dans l'industrie; mais elles décideraient les voyages à entreprendre en vue de l'instruction commune; elles choisiraient leurs représentants pour les envoyer visiter les usines, les expositions publiques, pour les adresser partout où il y aurait quelque chose à recueillir et à rapporter au foyer commun. Ce serait le tour de France rétabli, réorganisé, mis en rapport avec nos mœurs et nos besoins nouveaux, confiés aux soins des plus habiles et des plus méritants.

De telles associations, applicables surtout aux industries dans lesquelles l'intelligence peut jouer un certain rôle, ne seraient après tout qu'un degré nouveau à introduire dans l'échelle qui comprend déjà certaines sociétés de travailleurs reconnues par l'État et dont l'organisation prête plusieurs de ses faces importantes aux dispositions générales que nous citons.

La Société des anciens élèves des Écoles d'arts et métiers, reconnue d'utilité publique en avril 1860, après quatorze ans d'existence; la Société des Ingénieurs civils, fondée en 1848, et reconnue d'utilité publique en 1861, sont en quelque sorte les degrés supérieurs de l'échelle d'association que nous voudrions voir tenter.

Chacune de ces Sociétés repose sur les bases principales suivantes :

Établir un lien de confraternité entre tous leurs membres ;

Réunir les efforts de tous pour faire fructifier l'enseignement des sciences et des arts et métiers au profit de l'industrie française;

Venir en aide aux divers membres de ces Sociétés, en leur facilitant le moyen de se produire dans leurs spécialités ;

Aider les sociétaires pauvres ou malheureux, au besoin leurs familles, dans la mesure de leurs nécessités et dans celle des ressources des Sociétés ;

Réunir, dans des publications périodiques, les travaux des sociétaires, sur l'industrie, la technologie, les sciences et les arts industriels ;

Obtenir, en un mot, par tous les moyens praticables, réunions, discussions, publications, voyages, œuvres de confraternité et de bienfaisance, etc., la plus grande solidarité possible entre tous les membres, pour, tout en s'entr'aidant les uns les autres, faire progresser la science et l'industrie au plus grand avantage de la cause nationale.

A ces bases, déjà si larges qu'elles suffisent au Gouvernement pour déclarer de pareilles institutions utiles à l'État, qu'on ajoute quelques-uns des ressorts qui composent l'organisation des sociétés de secours mutuels, qu'on ajoute les dispositions dont nous parlons, consistant à conférer des grades industriels, on arrive à un système d'association parfaitement rationnel, en grande partie prévu, du reste, par ce qui existe, et constituant pour l'industrie un tout hiérarchique à la hauteur de sa mission, au niveau de ce que présentent les autres carrières jusqu'à présent plus favorisées et mieux partagées.

Après l'application du système d'enseignement général industriel que nous avons examiné dans la première partie de notre travail, on a donc, pour les diverses classes qui se rattachent à l'industrie, l'échelle suivante, qui répond aux aspirations les plus légitimes des travailleurs de toutes les industries :

1° *Associations ouvrières* fondées sur les bases à la fois morales et intellectuelles que nous venons d'examiner, conférant les grades d'ouvriers et de chefs ouvriers de toutes classes ;

2° *Sociétés d'anciens élèves de diverses écoles spéciales* de l'industrie, reconnaissant, à des degrés convenus, les chefs d'ateliers, les directeurs de travaux, les sous-ingénieurs civils, au besoin les ingénieurs des arts et métiers ;

3° Enfin, *Société des ingénieurs civils,* acceptant les travailleurs de toutes les écoles, comme de toutes les provenances, sans acception d'origine, pourvu qu'ils aient fait preuve de capacité et de savoir, pourvu qu'ils aient fait acte sérieux et patent d'ingénieur, et leur conférant par là le titre d'ingénieur civil, que nuls autres n'auraient droit de porter.

On objectera que c'est peut-être une mesure grave ou une prétention exagérée de faire conférer les grades par des associations libres qui ne formeraient pas, à proprement parler, ce que présentent les corps constitués académiques, universitaires, etc. Mais si l'on se dit, d'une part, que des institutions reconnues d'utilité publique sont nécessairement protégées, surveillées et patronnées par l'État ; que dans une organisation d'ensemble comme celle que nous citons, l'État peut imposer telles conditions nécessaires pour amener des résultats sérieux et justes, telles garanties pour répondre au but élevé que nous cherchons ;

Si l'on admet, d'autre part, qu'en France, dans le pays natal du suffrage universel, on ne saurait trouver de bases plus équitables, plus libérales que celles faisant asseoir l'avancement des travailleurs de l'industrie, sur le jugement de leurs pairs, sur l'adhésion de tous ;

Les grades que pourraient conférer les associations des deux premiers ordres dont nous parlons créeraient un titre, sinon un droit à la confiance publique et au choix des chefs de manufactures. Ils indiqueraient carrément, sans ambages comme sans réticence, le degré d'aptitude, *le niveau d'habileté*, en somme, la véritable valeur intellectuelle de chaque intéressé.

Un livret, dans les mains d'un ouvrier, peut indiquer le temps qu'il a passé dans une usine, mais il ne fournit aucune note sur la capacité de cet ouvrier, et il ne peut servir à le faire accepter ou à lui faire donner la préférence par le fabricant qui recherche un homme habile.

Le certificat, pas plus que le livret, ne donne une mesure exacte de la valeur de l'homme qui le porte.

Si l'un est muet, l'autre est souvent mensonger et ne résulte que d'un acte de complaisance ou de bienveillance. Les titres acquis à un foyer commun présenteraient une tout autre importance, et, sans blesser, en aucune façon, ni l'humanité, ni la liberté, ils auraient ceci de particulier, qu'ils seraient obtenus par ceux qui les chercheraient pour s'en faire un moyen utile de recommandation, et que personne ne serait rigoureusement obligé de s'en munir.

Il arriverait de cela ce qu'on voit se produire journellement dans un grand nombre d'administrations publiques ou particulières où l'on cherche à choisir les candidats qui se trouvent dans les meilleures conditions de savoir et d'aptitude, soit ceux qui sont munis de diplômes, soit ceux qui ont fait preuve de capacité bien connue.

Dans l'ordre le plus élevé des associations dont nous parlons, celui qui conférerait le titre d'ingénieur civil, il faudrait que l'admission dans la société constituât, par le fait, un brevet ou plutôt un baptême d'ingénieur civil. Pour cela, il suffirait de former le comité de la société en jury d'admission, qui statuerait, après ample informé, sur le mérite des candidats, et proposerait la nomination de ceux-ci aux assemblées générales. Il se passe déjà des faits analogues à la Société des Ingénieurs civils, telle qu'elle est constituée actuellement, et les admissions sont l'objet de formalités assez serrées pour qu'elles soient très-généralement bien comprises.

Toutefois, si les réceptions avaient lieu sous la direction d'un commissaire de l'État, assistant aux séances du comité ; si le comité, formé en jury, était étendu comme nombre et composé comme choix de membres appartenant à toutes les carrières industrielles et issus de toutes les écoles ; si chaque admission était précédée d'un rapport sur les travaux et les études de chaque candidat, on arriverait encore à rehausser davantage l'honneur d'appartenir à la Société des Ingénieurs civils et à conférer des titres sérieux qu'aucun industriel, quel que fût son mérite, n'aurait droit de chercher en dehors de cette origine.

Trop souvent, du reste, le titre d'ingénieur civil, qui peut reposer, suivant les circonstances et suivant les aptitudes, sur un fonds de travaux résultant de l'association, à des degrés divers, entre la pratique et la théorie, mais qui toujours exige l'une et l'autre, car d'un excellent théoricien, on peut faire un bon professeur, d'un excellent praticien un ouvrier habile, mais jamais un ingénieur civil sans l'union des deux choses, — trop souvent, disons-nous, le titre d'ingénieur civil est usurpé, non pas par de bons praticiens, non pas par de bons théoriciens, mais par des gens qui n'appartiennent ni à la pratique ni à la théorie, mais par des *faiseurs* qui, même sans avoir pris part à des industries où l'art de l'ingénieur n'a rien à voir, se réveillent un matin ingénieurs-chimistes, ingénieurs-mécaniciens, ingénieurs-physiciens, uniquement parce qu'ils ont mis à jour ou aidé à mettre à jour des combinaisons absurdes et ridicules, quand elles n'étaient pas malsaines ou dangereuses.

Nul, en principe, ne devrait être ingénieur, que tout industriel ayant dirigé des usines, élaboré ou conduit des travaux d'art ou d'industrie, ayant publié ou vulgarisé des procédés techniques, ayant construit, monté ou organisé des manufactures ; en un mot, ayant fait acte patent d'ingénieur, soit qu'il ait préalablement suivi les cours de quelque école industrielle, soit qu'il ait acquis, dans certaines limites déterminées et de quelque façon que ce soit, les connaissances qui sont la base indispensable de la profession d'ingénieur.

L'art de construire ou celui de diriger, d'organiser et de commander les travaux industriels doivent avoir leurs adeptes, comme les professions libérales ont les leurs.

Pourquoi ne pas exiger autant de garanties de l'ingénieur ou même de l'architecte, qui construisent à leurs risques et périls, que la loi atteint, qui encourent une responsabilité considérable, qu'on en exige du médecin, de l'avocat, etc. ?

La profession illégale de la médecine est un délit ! — Pourquoi la profession d'ingénieur ou d'architecte, exercée sans études spéciales, sans capacités admises, sans mérite reconnu, ne serait-elle pas entachée d'illégalité à un degré pareil ?

L'ingénieur ou l'architecte qui s'attribuent ces titres sans avoir même les notions élémentaires de l'art de construire, ce qui se voit tous les jours, ne comprennent-ils pas, tout comme *l'empirique* et le charlatan, la santé et l'existence de leurs semblables ?

Il y aurait donc un intérêt sérieux à voir se créer une hiérarchie industrielle, conférant des grades à ceux de ses membres qui auraient su les mériter par une aptitude et des connaissances réelles.

La grande famille industrielle y gagnerait comme émulation, comme progrès, comme illustration ; le public y gagnerait comme sécurité, et chaque travailleur, soucieux de son avenir, pourrait compter tôt ou tard sur la consécration légitime de ses efforts et de ses œuvres.

Le système d'université des arts et métiers, que nous admettons dans la première partie de ce travail, mais qui, nous nous empressons de le reconnaître, ne saurait s'organiser de prime abord sans transformations, sans secousses considérables, pourrait aisément comporter les rouages voulus pour permettre de conférer les grades dont nous parlons. Il serait aussi facile et aussi simple de créer des *bacheliers* et des *docteurs en industrie* que d'accorder des diplômes de bacheliers ès-lettres et de bacheliers ès-sciences, ou de docteurs en médecine et de docteurs en droit.

Le tout serait de dresser des programmes, d'organiser des concours, de former des commissions d'examen, etc.

Or, les divers éléments nécessaires en pareil cas, se trouveraient naturellement parmi les corporations et les associations d'ouvriers et de chefs ouvriers, pour les premiers grades industriels, et dans les sociétés libres entre anciens élèves des écoles spéciales, mais plus particulièrement dans la Société des Ingénieurs civils, pour les grades plus élevés de sous-ingénieurs et d'ingénieurs.

Une *Faculté de l'industrie* pourrait être instituée au Conservatoire des arts et métiers, où des commissions prises au sein des associations que nous citons, procéderaient à la répartition des grades industriels.

Ces commissions seraient appelées à délivrer aux candidats libres, ayant fait leur chemin dans l'industrie sans passer par les écoles spéciales, des diplômes de contre-maîtres, chefs d'ateliers, chefs mécaniciens, dessinateurs industriels, etc. ; enfin, même des titres de directeurs d'usines, de sous-ingénieurs et d'ingénieurs.

En un mot, elles viendraient compléter, pour ceux qui n'auraient pas appartenu aux écoles, et confirmer, pour ceux qui en seraient issus, les grades à différents degrés qu'admettrait l'université des arts et métiers.

En principe, les écoles industrielles, qu'elles soient l'École centrale ou les Écoles d'arts et métiers, ne devraient pas accorder à leurs élèves de titres plus *élevés* que ceux d'aspirants ingénieurs ou d'élèves ingénieurs.

L'École polytechnique, que la participation de ses membres aux grandes opérations industrielles, chemins de fer, mines, canaux, etc., met aujourd'hui à la tête de la vaste pépinière des arts et métiers, l'École polytechnique ne crée pas des ingénieurs du premier jet. Elle envoie dans les écoles d'application des élèves ingénieurs, qui ne deviennent réellement ingénieurs qu'après une étude plus spéciale de leur art, qu'après avoir passé par des travaux plus approchés de la pratique que ceux que pouvait leur offrir l'école mère.

Pourquoi l'École centrale, et même les Écoles d'arts et métiers, n'agiraient-elles pas dans une semblable mesure ?

Qu'on admette en France deux ordres d'ingénieurs :

Les ingénieurs de l'État, qui ne devraient être, après tout, que les ingénieurs attachés aux grands services publics ;

Les ingénieurs civils, aptes à intervenir partout où les intérêts particuliers de l'industrie sont en jeu ;

Et qu'on n'arrive à être ingénieur de l'État qu'en passant par les écoles d'application spéciales, et à être ingénieur civil qu'après la consécration universitaire dont nous parlons, la prospérité de l'industrie et sa fortune dans l'avenir reposeront sur les garanties d'un corps constitué ayant une véritable valeur, bien certainement au-dessus de ce que donne la situation hétérogène que nous voyons aujourd'hui.

L'École centrale des arts et manufactures a pu, de son autorité privée, avant que l'État fût possesseur de cette institution, délivrer des diplômes d'ingénieurs. Elle a aidé ainsi à la création d'un corps d'ingénieurs civils que réclamait l'industrie et qu'aucune organisation analogue n'avait prévu jusque-là.

Ces diplômes d'ingénieurs, confiés à des jeunes gens n'ayant vu l'industrie que dans les amphithéâtres, étaient-ils réellement bien sérieux ? Certes, on peut dire que l'École centrale a formé des ingénieurs éminents, et que ses éléments composent à ce moment le faisceau le plus compact et le plus puissant, peut-être, que l'art de l'ingénieur ait fourni à l'industrie.

Et cependant qu'on demande aux meilleurs, aux plus habiles

ingénieurs de l'École centrale, ce qu'ils étaient, ce qu'ils valaient à leur sortie de l'école, au moment enfin où ils ont acquis leur diplôme. Tous reconnaîtront qu'ils avaient puisé dans leurs cours une instruction variée au point de vue scientifique et industriel ; qu'ils avaient acquis certaines notions pratiques leur permettant de comprendre et de *soupçonner* l'industrie ; qu'ils étaient peut-être placés dans la meilleure voie possible pour arriver au but vers lequel leurs études spéciales les attiraient ; mais qu'ils ont eu besoin de plusieurs années d'une application soutenue pour devenir sérieusement des ingénieurs.

Aujourd'hui, l'École centrale, établissement public, semble chercher à rendre les diplômes qu'elle confère plus sérieux et plus mérités que jamais, en remettant l'examen des titres aux soins d'une commission d'élite, composée de professeurs de l'École et d'un certain nombre des meilleurs anciens élèves *arrivés* dans l'industrie. Elle a admis pour ses élèves le titre d'*ingénieur des arts et manufactures*, remplaçant celui d'ingénieur civil, dont l'appellation, plus générale, appartient à tous les ingénieurs, quels qu'ils soient, qui ne sont pas ingénieurs de l'État.

Peut-être l'École centrale serait-elle davantage dans le sentiment du vrai en se bornant à conférer seulement des diplômes d'élèves ingénieurs ou d'aspirants ingénieurs, menant, après deux ans de travaux, par exemple, dans l'industrie, au grade définitif d'ingénieur civil, grade consacré par la mise en pratique des voies et moyens que nous venons d'indiquer.

Les écoles d'arts et métiers, telles qu'elles sont constituées aujourd'hui, n'ont pas à s'occuper de créer des ingénieurs. Leurs élèves, d'après les limites des programmes, doivent devenir des ouvriers instruits, des contre-maîtres habiles, des directeurs de travaux.

Toutefois, l'instruction qu'elles fournissent, bien que restant dans les bornes des études scientifiques qu'on peut appeler élémentaires, jette d'assez profondes racines pour que, la volonté et l'expérience aidant, un certain nombre de ces élèves arrivent avec un succès aussi mérité qu'indiscutable, aux fonctions les plus élevées de l'industrie.

Si quelques-uns parviennent ainsi, moins rares qu'on ne pense, à se placer comme directeurs d'usines ou comme ingénieurs sur la même ligne que les meilleurs élèves de l'École centrale, cela surtout dans les carrières où sont utiles les arts mécaniques, les arts graphiques, la connaissance du travail des métaux, etc., on doit se dire qu'il ne faudrait que bien peu de modifications dans les programmes pour amener, *ipso facto*, les premiers et bons élèves des écoles d'arts et métiers à mériter, à leur sortie de ces écoles, le titre d'élève ingénieur ou d'aspirant ingénieur dont nous parlons.

Il est certain que, pour ce qui est de la formation des ingénieurs mécaniciens, par exemple, les écoles d'arts et métiers, avec leurs travaux des ateliers, avec leurs cours graphiques largement étendus, ont en mains plus d'éléments essentiels que l'École centrale, et pourraient mieux que cette école, si elles avaient quelques parties de leurs cours théoriques plus étendues, être à même de fournir aux arts et mécaniques des sujets plus expérimentés, plus rompus aux choses de la pratique, plus complets, en un mot.

Ces sujets ne seraient pas plus absolument ingénieurs à l'issue des écoles d'arts, que ceux qui sortent chaque année de l'École centrale, mais ils seraient évidemment mieux préparés et tout aussi aptes que ces derniers à recevoir le titre d'élèves ingénieurs.

Entre l'École centrale et les écoles d'arts et métiers, il y a, avons-nous dit dans nos premières Études, ou trop de points de rapprochement, ou pas assez.

Si l'on ne veut faire que des ouvriers ou des chefs d'ateliers, dans les écoles d'arts et métiers, certaines théories, bien que relativement peu avancées, y ont encore trop de place, et certaines nécessités pratiques n'y sont pas assez senties.

Si l'on veut faire de premier jet des ingénieurs, et notamment des ingénieurs mécaniciens, à l'École centrale, il n'y a peut-être pas abus d'études théoriques, puisque, après tout, un ingénieur n'en sait jamais trop sur les choses qui touchent la science et l'industrie; mais il y a insuffisance de travaux pratiques, d'études graphiques bien comprises, d'examen et de fréquentation des ateliers.

D'un côté comme de l'autre, les élèves sortent incomplets:

Dans l'état actuel des écoles d'arts et métiers, ils ne peuvent sortir ingénieurs, ni même aspirants ingénieurs; ils ont des aspirations qui, développées plus tard par l'étude et par l'intelligence, les amèneront à faire un jour des ingénieurs ayant bien leur valeur. Mais, en principe, ces aspirations, motivées par l'excès d'une instruction qui dépasse les limites qu'on devrait chercher pour former simplement des chefs ouvriers, sont plus nuisibles qu'utiles aux jeunes gens qui quittent les écoles d'arts et métiers.

Un trop grand nombre de ces jeunes gens, mal éclairés sur leur véritable valeur, se reposant sur des illusions que leur intelligence, leur capacité et leur travail ne viennent pas toujours justifier, se laissent aller à des prétentions impossibles et font naufrage en levant l'ancre.

De là des déceptions, des mécontentements qui réagissent sur toute une carrière, et qui font que celui qui eût été franchement ouvrier, si certaines études ne lui eussent fait concevoir l'espoir d'être autre chose, se plaint du sort et envie *la chance* qui a fait arriver ses camarades.

De toutes les institutions, quelles qu'elles soient, même les plus humbles, il peut sortir et il est sorti des hommes éminents, arrivés aux plus hauts emplois et ayant fait honneur à leur pays. Le plus ou moins d'élargissement dans les programmes d'une école d'arts et métiers ne peut donc, empressons-nous de le dire, empêcher une nature d'élite de parvenir.

Toutefois, on saisira qu'il s'agit ici d'exceptions et que nous raisonnons uniquement au point de vue des masses.

Ou il faut qu'une école d'arts et métiers soit exclusivement ouvrière, et alors qu'elle n'ait que des programmes restreints; ou, si l'on veut élever le niveau des études, il est juste de régler ce niveau, pour que le chef d'atelier puisse, de sous-officier passer un jour officier.

C'est dans cet ordre d'idées qu'il y a peut-être à chercher quelques combinaisons possibles entre les écoles d'arts et métiers et l'École centrale.

On sait que, sauf peu d'exceptions, les cours de deuxième et de troisième année à l'École centrale ne sont que la répétition ou la continuation des cours de première année, avec détails plus complets, plus exclusifs, plus élevés, conduits à la portée des intelligences éveillées par une première année d'études. Cela est si vrai que certains cours ou certaines parties des cours se faisant aujourd'hui dans la deuxième année, passeront demain dans la troisième année, et réciproquement.

On peut donc considérer les cours de deuxième et de troisième année comme le complément élargi d'une bonne instruction industrielle conduisant à la profession d'ingénieur, plutôt que comme des séries d'études spéciales appliquées aux sciences qui font la base de cette même instruction.

Si, d'après cela, on admettait que l'instruction théorique donnée dans les Écoles d'arts et métiers pût arriver à la fin des études au niveau de l'instruction acquise par les élèves de l'École centrale après la première année, ou au besoin après la deuxième année: les bons élèves des écoles d'arts et métiers pourraient, étant admissibles de droit, selon certaines conditions de classement, à l'École centrale, passer dans cette école une ou deux années et y conquérir avec une grande autorité, celle que leur donneraient trois ans de pratique dans les écoles d'arts et métiers, leur diplôme d'ingénieur civil.

Déjà, un petit nombre d'élèves des écoles d'arts et métiers passent par l'École centrale ; mais, trois ans d'école d'arts et métiers, trois ans d'École centrale, c'est long, c'est trop long, surtout en raison du temps perdu pour revoir dans la deuxième école ce qu'on a vu dans la première. Quoi qu'il en soit de ce temps perdu, d'ailleurs, on a reconnu que les élèves ayant ainsi passé par les deux ordres d'écoles, sont, pour la plupart, sortis de l'École centrale dans des conditions d'habileté et de savoir incontestables, et avec tous les éléments pour devenir d'excellents ingénieurs à la fois théoriciens et praticiens.

A diverses reprises, croyons-nous, on a essayé de faire faire aux premiers élèves des Écoles d'arts et métiers une quatrième année d'études, soit dans l'école dont ils avaient suivi les cours, soit en les faisant passer de Châlons à Angers, d'Angers à Aix, d'Aix à Angers ou à Châlons. Cette mesure, prise en vue de développer l'instruction pratique des élèves distingués des trois écoles, n'a peut-être manqué son but que justement parce qu'on n'a songé qu'à l'instruction pratique.

En effet, trois ans d'atelier, tels qu'ils se passent dans les Écoles d'arts et métiers, sont amplement suffisants, sinon pour former des ouvriers de premier ordre, du moins pour mettre sur une voie qu'élargiront bientôt son adresse et son intelligence, surtout son adresse, celui qui devra rester ouvrier. Au bout de trois ans d'atelier, un élève des Écoles d'arts et métiers n'est pas un bon ouvrier, à moins qu'il ait commencé ailleurs avant d'entrer aux écoles, ou à moins qu'il ait fait preuve d'une aptitude exceptionnelle ; mais on peut dire, à coup sûr, que peu de temps passé par lui dans les officines de l'industrie, le complétera et le mettra bientôt au niveau des meilleurs et des premiers exécutants, s'il a, avant tout, l'adresse et le tour de main voulus pour réussir dans les travaux manuels ; car il n'est pas donné à tous d'avoir sur ce point toute l'aptitude nécessaire : que de jeunes gens nés maladroits travailleront pendant des années dans les ateliers sans devenir jamais ouvriers !

L'adresse ne s'acquiert pas aisément ; on peut dire qu'il est plus difficile à un maladroit de faire œuvre de ses mains, qu'à un homme sans moyens intellectuels d'arriver à acquérir de la science ; l'un, à force d'études et de volonté, parviendra à s'inculper sinon la science tout entière, au moins quelques bribes utiles de la science ; l'autre, quoiqu'il fasse, restera inhabile à faire œuvre manuelle, soit comme travail d'atelier, soit même comme travail graphique.

C'est ce qui arrive dans les Écoles d'arts et métiers. Une partie des élèves a toutes les aptitudes voulues pour former de bons ouvriers, de bons dessinateurs; une autre partie a ce qu'on appelle dans les écoles la *boule* des mathématiques, la *bosse de l'x*. Et ce qu'il y a de remarquable c'est que, sauf d'assez rares exceptions, ces situations sont bien tranchées. Là où domine l'intelligence manque l'adresse; là où l'adresse doit réussir, l'intelligence fait défaut. Aussi, en dehors de la moyenne des élèves qui ne sont ni trop maladroits dans les ateliers, ni trop ineptes dans les classes, et à part les exceptions qui montrent à la fois des sujets habiles comme praticiens et capables comme mathémaciens, les écoles comptent-elles dans les promotions qui les quittent chaque année, deux catégories bien tranchées, l'une composée d'élèves ayant acquis une certaine habileté d'exécution et devant faire un jour de bons ouvriers, mais uniquement des ouvriers, l'autre formée de jeunes gens ayant parfaitement profité de leurs études théoriques, ayant suffisamment d'intelligence et d'aptitude pour pousser ces études aussi loin que possible, mais incapables d'exécuter manuellement.

C'est à ces derniers qui, tout gauches qu'ils peuvent être, ont néanmoins suivi les travaux des ateliers, ont vu comment s'élaborait l'exécution, se sont rendu compte, en un mot, des études pratiques qu'ils ont comprises; c'est à ces derniers, surtout que l'École centrale pourrait ouvrir ses portes et offrir un complément d'études bien utile, puisqu'ils n'ont pas comme les autres la ressource des ateliers pour se frayer une carrière.

La *quatrième* année essayée, ainsi que nous venons de le dire, dans les écoles d'arts et métiers, se ferait donc ainsi d'une manière plus profitable et plus efficace. On peut trouver que la combinaison que nous proposons entre l'École centrale et les écoles d'arts et métiers n'est possible qu'au moyen d'un remaniement de programme difficile à aborder. Pourquoi alors la quatrième année des écoles d'arts et métiers ne conservant des ateliers, pour les élèves privilégiés, qu'un travail de suite, de surveillance, de direction, n'assurerait-elle pas à ces élèves un complément d'études analogue à celui de la deuxième et de la troisième année de l'École centrale, et ne permettrait-elle pas, comme faveur, comme haute récompense, aux élèves intelligents et travailleurs, de sortir des écoles d'arts avec un titre bien défini d'élève ou d'aspirant ingénieur, titre qu'on irait échanger plus tard contre le grade d'ingénieur acquis dans les conditions que nous avons exposées ?

Une pareille mesure, et celle qui consisterait à distribuer, après les études terminées, des diplômes d'ouvriers, de chefs d'ateliers, de directeurs de travaux, aux élèves sortant des écoles d'arts et métiers, serait d'un effet puissant comme émulation et comme moralisation dans ces écoles où l'insubordination a peut-être été trop souvent à l'ordre du jour. Relever l'esprit des jeunes gens, leur faire voir un but certain après leurs travaux, but qui est déterminé pour les élèves de l'École centrale, et qui, justement, est pour eux le couronnement de leurs études ; récompenser ainsi le travail en assurant, presque à coup sûr, une carrière à ceux qui pourraient se présenter dans l'industrie munis d'un diplôme officiel constatant leur capacité, ce serait certainement un des meilleurs moyens d'encouragement qu'une administration bienveillante comme celle qui conduit les écoles, saurait employer et appliquer au plus grand profit du perfectionnement de ces établissements (1).

Au reste, même en mettant de côté ce qui se fait à l'École centrale, la remise de diplômes n'est pas sans précédents. Nous pourrions citer, entre autres, l'école spéciale établie à Lille pour former des conducteurs de machines et des chauffeurs, dont les élèves sortants pourvus de brevets constatant qu'ils sont aptes à diriger des machines ou des chaudières, sont très-recherchés par tous les fabricants du département du Nord et des départements environnants.

Il en est de même des élèves des écoles spéciales de Mulhouse, de Lyon, etc., pour lesquels un certificat de sortie est un brevet de capacité qui leur fait donner la préférence partout où s'exerce l'industrie spéciale qui leur a été enseignée.

Résumons en quelques mots tout ce que nous venons de dire :

Écoles professionnelles de quelque degré qu'elles soient, sociétés savantes, industrielles ou scientifiques, associations ouvrières devant faire progresser l'industrie, tout cela fonctionne, sinon sans but véritablement sérieux, du moins sans ordre, sans méthode, sans mesure, dépensant une masse d'efforts isolés qui, réunis ou tout au moins rapprochés, formeraient, comme nous l'avons fait remarquer dans nos premières Études à propos des établissements d'enseignement industriel, une organisation bien autrement féconde et puissante que le système décousu qui existe.

A une époque où toutes les actions sociales, qu'il s'agisse de peuples ou d'idées, tendent à se combiner, à se souder en des touts homogènes, l'autonomie de l'enseignement et de la propagation des sciences industrielles n'a-t-elle pas aussi bien sa raison d'être que l'autonomie des nations ? Or, toutes les institutions, toutes

____

(1) On donne aux élèves sortants, dans les premiers rangs, des médailles accompagnées d'une somme d'argent. Ces récompenses deviendraient bien plus sérieuses s'il leur était substitué ou s'il leur était joint des diplômes.

les organisations dont nous parlons ont des éléments tellement semblables, elles présentent entre elles une affinité tellement précise que leur fusion pourrait se produire, à un moment donné, sans secousses graves comme sans difficultés importantes.

En attendant que la loi du progrès amène forcément, un peu plus tôt, un peu plus tard, des transformations de la nature de celles que nous citons, continuons à rechercher quelles sont, dans l'ordre de choses actuellement existant, les voies et moyens par lesquels la propagation des connaissances industrielles peut encore prospérer et se développer.

Déjà, en parlant des Sociétés des ingénieurs civils et des anciens élèves des Écoles d'arts et métiers, nous avons touché la question des associations scientifiques et industrielles dont l'existence est certainement un puissant auxiliaire de la propagation des études industrielles.

Sur des lignes parallèles, conduisant plus ou moins au même but, avec des organisations spéciales, s'appuyant sur des moyens différents, un grand nombre d'associations du genre de celles dont nous parlons concourent, tout comme elles, aux progrès de l'industrie et de la science.

Dans un certain ordre de choses, nous pourrions citer les Sociétés des amis des sciences, les Cercles scientifiques, les Sociétés d'union entre les inventeurs, la Société des architectes, la Société des conducteurs des ponts et chaussées, etc., etc.

Cette dernière association, basée sur des principes analogues à ceux qui ont présidé aux fondations des Sociétés des ingénieurs civils et des anciens élèves des Écoles d'arts et métiers, a rendu de véritables services.

Réunissant des aptitudes spéciales, embrassant un cercle aussi intéressant qu'important d'études sur les constructions, les travaux d'art et tout ce qui touche aux grandes entreprises modernes, la Société des conducteurs des ponts et chaussées a publié dans ses Annales des documents souvent très-remarquables, qui prouvent de solides et sérieuses études, et qui ne peuvent qu'étendre fructueusement la route que nous traçons ici.

Les Annales des conducteurs ne seraient-elles qu'un complément utile des Annales des ponts et chaussées et des Annales des mines, qu'elles auraient leur raison d'être. Mais elles montrent autre chose encore, une solidarité et une communauté de vues existant entre les membres d'un même corps, et par là les ressources que doivent trouver les associations semblables pour faire fructifier au profit de tous l'intelligence et l'activité mises au service d'une action commune.

Les ingénieurs des mines et les ingénieurs des ponts et chaussées n'ont pas, en réalité, de sociétés ou de cercles officiels. Une association, du genre de celle qui unit les conducteurs, les ingénieurs civils ou les anciens élèves des écoles d'arts, n'aurait pas d'intérêt pour d'anciens élèves de l'École polytechnique, qu'une solidarité si étroite et si puissante réunit par le seul fait qu'il s'agit d'anciens élèves, et que cette solidarité, la plus remarquable, peut-être, que montre notre époque, égale ainsi les associations les plus solidement constituées.

D'ailleurs, les publications techniques des Annales des ponts et chaussées ne sont-elles pas les véritables bulletins d'une association qui, si elle n'existe pas réellement en fait, n'en est pas moins patente, si l'on examine attentivement les résultats qu'elle produit autant au profit de la science et de l'industrie, qu'au profit de ses membres.

Les sociétés dont nous parlons sont fondées sur un esprit de camaraderie qui les rend peut-être un peu exclusives.

Certes, c'est un sentiment respectable et profondément moralisateur que celui qui rapproche d'anciens camarades issus d'une souche commune et les associe autant pour faire progresser les sciences ou les industries qui marquent leur carrière, que pour s'entr'aider, se soutenir, se pousser mutuellement.

Mais là, il faut le craindre, on doit trouver un écueil, si, par suite d'un cercle d'idées trop exclusives, on cherche à fonder des sociétés plutôt *amicales* que laborieuses et savantes.

Les sociétés amicales tant recherchées aujourd'hui par tout ce qui a un corps dans la société moderne, élèves d'une même école, adeptes d'un même art, rejetons d'une même institution, ouvriers d'une même industrie, travailleurs ou penseurs agissant sous l'impulsion d'idées communes, les sociétés amicales, disons-nous, peuvent être des occasions de réunions, de causeries, des moyens de demander un aide efficace à une camaraderie dévouée ; elles ne peuvent être, dans l'acceptation utile et rigoureuse du mot, des sociétés industrielles et scientifiques.

Qu'elles cotôient celles-ci, sans s'y confondre, qu'elles soient, en quelque sorte, leur corollaire naturel, cela se comprend.

Mais que le sentiment de la confraternité se glissant au sein d'une société fondée en vue de faire progresser l'industrie ou la science, vienne déborder et absorber cet élément principal de l'association, qu'il vienne par excès tomber dans l'abus et chercher la coterie, c'est, répétons-le, un écueil à éviter.

Cet écueil, les élèves de l'École centrale ont su le tourner, quand, après avoir présidé en très-grande majorité à la fondation de la

Société des ingénieurs civils, ils ont eu l'idée de créer en dehors de cette Société une association entre camarades n'ayant d'autre but que de nouer, de conserver, d'entretenir des relations amicales entre élèves d'une même institution, dont l'organisation, d'ailleurs, se prête peu aux développements des idées de fusion et de solidarité qui germent si solidement dans les écoles casernées.

Les choses ont été autrement comprises quand, plus récemment, il s'est agi d'appeler à la présidence de la Société des ingénieurs civils un savant général issu de l'école qui fournit les ingénieurs de l'État, et n'ayant que des affinités indirectes avec la carrière que suivent les élèves des écoles plus exclusivement industrielles.

On aurait peut-être pu se dire que l'honorable général dont nous parlons venait grossir le noyau déjà important fourni au bureau de la Société des ingénieurs civils par le Conservatoire des arts et métiers, et que le Conservatoire, organe puissant de la propagation des connaissances industrielles, ayant ses Annales, publiant des travaux émanés de ses professeurs et même d'ingénieurs ou de savants ne lui appartenant pas, pouvait, travaillant dans une voie qui lui est propre et où son individualité se détache bien complète, ne pas prendre une place aussi précise à la tête d'une société libre.

On aurait pu se dire que la Société des ingénieurs civils, heureuse de compter parmi ses membres les éminents professeurs du Conservatoire des arts et métiers, devait les accueillir plutôt comme coopérateurs que comme membres du Comité chargé de régler ses destinées.

Mais c'eût été là le seul motif d'opposition sérieux à la candidature que nous avons citée, si tant est qu'on eût voulu faire de l'opposition.

Le Conservatoire est une société savante, par le fait, dont les professeurs sont l'âme et la partie directrice. Et il y a assez de rapprochements entre les travaux de la Société des ingénieurs civils et ceux des Annales du Conservatoire, pour que ceux qui dirigent et qui décident d'un côté, ne soient pas appelés encore à décider et à diriger de l'autre.

Qu'on ne nous accuse pas de faire ici de la puérilité. En étudiant les ressources que peuvent présenter les associations savantes, nous mettons le pied au passage sur un écueil et nous signalons cet écueil, comme nous en signalerions quelques autres, si le cadre où se place notre travail voulait nous le permettre.

Les sociétés entre anciens élèves d'une même école ou tout au moins d'institutions semblables, peuvent admettre par leurs statuts des motifs d'exclusion pour tous ceux qui n'appartiennent pas au rameau fondateur. La Société des ingénieurs civils, au contraire, terrain neutre où se rencontrent les ingénieurs de toutes les catégories et de tous les enseignements, ne peut et ne doit repousser quiconque a exercé ou exerce, dans les conditions voulues par son réglement, la profession d'ingénieur civil.

L'opposition qui s'est produite n'avait donc pas de raison d'être, du moins tant qu'elle agissait vis-à-vis d'un membre de la Société. Elle ne pouvait exister seulement, que sur ce point posé, d'ailleurs, plutôt comme observation et comme discussion, savoir : la direction de la Société des ingénieurs civils confiée au directeur du Conservatoire, au lendemain d'une présidence attribuée déjà au sous-directeur du même établissement impérial, quand la Société avait dans son sein assez d'hommes habiles et indépendants pour la diriger.

Là est toute la question, que nous ne voulons pas développer davantage, nous bornant, du reste, à dire et à répéter que la propagation scientifique et industrielle de la Société des ingénieurs civils ne pourrait et n'a pu s'égarer entre les mains du président actuel, comme de celui qui l'a précédé.

Revenons maintenant au sujet qui nous occupe.

L'action des sociétés entre hommes spéciaux est évidemment la plus profitable aux progrès de certaines branches de l'industrie et de la science. Dans les associations que nous avons nommées, cette action s'appuie surtout sur les arts mécaniques, les chemins de fer, les constructions, la métallurgie, etc., etc. Elle est, par le fait, relativement limitée, et sa part, bien que large et belle, ne suffit point aux besoins d'extension des connaissances acquises par l'instruction scientifique et industrielle.

Certaines sociétés publiques, donnant accès à toutes les catégories de travailleurs et même aux gens du monde, qui, comme occupation, distraction ou agrément, désirent se mêler au mouvement de la science et de l'industrie, ne sont pas sans influence quant au progrès de ce mouvement.

Telles sont, entre autres, la Société d'encouragement, la Société industrielle de Mulhouse, la Société d'émulation de Rouen, la Société industrielle d'Angers, et diverses autres associations libres qui, soit comme localisation de certaines questions, soit comme ensemble d'études variées, publient fréquemment de très-bons articles, aident à vulgariser des procédés nouveaux ou des méthodes utiles, font connaître des résultats que, sans l'action de ces sociétés, on ne verrait pas dépasser les limites étroites où ils se sont produits, et viennent ainsi apporter leur tribut à l'œuvre de civilisation et de progrès qui compte la science et l'industrie parmi ses plus puissants auxiliaires.

Malheureusement, dans toutes ces associations composées d'éléments assez hétérogènes ayant une grande valeur pour le plus petit nombre, des aspirations studieuses et intelligentes pour le plus grand nombre, les résultats se trouvent dominés trop souvent par des influences locales ou des forces intérieures qui arrêtent ou paralysent une action d'expansion qui tendrait bien plus à se faire jour si elle était plus générale.

Dans les meilleures et les plus actives sociétés entre celles dont nous venons de parler, et tant d'autres que nous pourrions citer, quelques rares travailleurs prennent part à la lutte et apportent au foyer commun de sérieuses et fortes études ; les autres écoutent, et tous ne comprennent pas. A la longue, il est vrai, les attentions s'éveillent, les esprits s'éclairent, et des membres amateurs d'abord deviennent, par l'intérêt que certaines questions éveillent en eux, des membres travailleurs et chercheurs.

Mais, quoi qu'il arrive, entre tous les membres, quelque nombreux qu'ils soient, d'une société qui aborde un grand nombre de sujets, parce qu'elle est composée d'éléments très-variés et soumise à des aspirations très-diverses, il est difficile que les discussions ne soient pas limitées, que l'examen et la lumière se fassent complétement jour.

On s'éclaire et l'on s'instruit, mais d'une façon bornée, restreinte, sans sortir d'un cercle donné que l'occasion peut venir élargir, mais qui n'est pas le cercle de tout le monde.

C'est ainsi que l'on s'explique comment certaines sociétés locales abordent des questions déjà connues, et viennent reprendre à leur début des choses qui ont déjà fait une grande partie de leur chemin normal.

C'est ainsi que l'on comprend comment un aperçu, traité ici à un point de vue rationnel et pratique, est là-bas examiné d'une façon tout opposée ; comment un résultat connu et apprécié là où il est à peine utile et où il n'est qu'une curiosité scientifique, est ignoré juste au point où développé par l'industrie, il pourrait se répandre et devenir plus sérieux et plus utile.

Les exemples ne nous manqueraient pas pour développer ces idées. Les sociétés savantes ont beau échanger entre elles leurs bulletins, s'adresser réciproquement leurs publications, elles s'ignorent, parce que, quoi qu'elles fassent, elles restent séparées et vivent dans l'isolement de la *localité* ou de la *spécialité*.

En vain des réunions publiques, en vain des assemblées générales, en vain des congrès tendent à réunir les éléments épars des associations dont nous parlons ; ces associations n'arrivent pas a se connaître. On peut dire qu'elles se *soupçonnent*, et c'est tout ce qui leur est possible, à part quelques rares exceptions.

Qui se rend aux congrès, par exemple ? Un petit nombre de privilégiés de la science et quelques savants amateurs que leurs loisirs et leur fortune autorisent à affronter l'absence et à ne pas craindre les dépenses d'excursions quelquefois lointaines.

Pourquoi les sociétés savantes qu'on connaît aujourd'hui, non-seulement à Paris, mais dans tous les centres où la science et l'industrie tiennent leurs assises, pourquoi les associations de métiers, celles d'anciens élèves d'écoles industrielles similaires, les sociétés d'ouvriers ou d'ingénieurs, ne se trouvent-elles pas réunies à un moment donné pour se communiquer leurs études mutuelles, pour se transmettre leurs idées, leurs recherches, leurs besoins, pour se fondre en un travail commun ?

Des associations diverses, les unes musiciennes, chorales ou instrumentales, les autres, sociétés d'archers, de tireurs, de chasseurs, etc., etc., mues par l'envie de se comparer, de se former, de se développer par l'esprit de lutte et de concurrence, ou uniquement, par le simple désir de se distraire, ne redoutent pas les distances, quand il s'agit de prendre part à ces grandes réunions de corporations, d'où il résulte toujours un progrès et des résultats utiles, quelque faibles qu'ils soient.

On ne saurait nier que les expositions industrielles locales ou générales n'aient porté des fruits, que les grands concours ouverts de tous côtés à l'agriculture et aux industries qui s'y rattachent n'aient apporté des résultats avantageux. Évidemment, toutefois, dans ces mesures si utiles à la prospérité de l'industrie, il y a, pour nous servir d'une expression vulgaire, à prendre et à laisser. Trop souvent le fabricant ou l'agriculteur s'expose à subir, sans profit pour le progrès, des dépenses considérables. Trop souvent la partie commerciale seule profite de ces exhibitions où l'on vient plutôt en vue de la spéculation qu'en vue de l'art et de la science. Et, s'il est certain qu'en tout ce qui est du domaine de la forme et de la matière, les concours doivent être d'un puissant et utile effet, on peut se dire que pour certaines branches de l'industrie, notamment pour ce qui concerne les arts mécaniques, par exemple, ils n'apportent que des leçons rares et sans portée bien sérieuse.

L'exposant cache avec soin tout ce qui peut mettre sur la voie de ses idées et de ses procédés. Il veut bien exposer des produits; mais il ne consent pas toujours à jeter aux yeux du public les perfectionnements industriels qui ont amélioré, développé ou créé ces produits.

La science et l'industrie ont leurs forbans, leurs pillards, leurs *partageux*. Pour tous ceux qui ont suivi depuis un demi-siècle la marche si prestigieuse de l'industrie, n'est-il pas connu qu'à côté de toute idée nouvelle, il y a des vampires prêts à exploiter cette idée et à la dévorer, qu'à côté de tout progrès intérieur dans les procédés de fabrication ou dans les organes de production qu'enfante l'atelier, il y a un contrefacteur tout prêt à copier, habile et empressé à organiser la concurrence, non la concurrence honnête qui naît de l'esprit de recherche et d'invention, non celle qui s'appuie sur la propriété honnêtement acquise, mais celle qui résulte du pillage et de l'exploitation ?

De là les craintes de certains industriels en présence des expositions et des concours. Ces craintes, malheureusement fondées en bien des cas, nuisent prodigieusement au développement du progrès par le fait des exhibitions publiques. Quoi qu'il en soit, et quelques autres motifs que nous ayons à faire valoir contre ces exhibitions, nous devons reconnaître qu'elles font avancer l'industrie, tout au moins autant par la vue des produits que le fabricant examine, étudie et comprend, que par les occasions de rapprochement qu'elles créent entre industriels semblables ou entre producteurs d'une même veine industrielle.

Si la fantaisie, l'esprit de réclame, la vulgarité et la puérilité trouvent trop aisément leur place dans les grands concours industriels, il faut convenir que de larges et sérieuses idées venant s'y produire apportent un grand bien pour un petit mal, et qu'en somme, les dernières expositions internationales de France et d'Angleterre ont été d'une influence incontestable sur les progrès réalisés pendant ces dernières années par l'industrie de l'un et de l'autre pays.

A notre avis, le progrès s'est fait surtout par l'aide des motifs d'études et de recherches que ces expositions ont apportés, non pas rigoureusement aux chefs d'industrie, non pas aux ingénieurs, non pas à ceux qui, par position, sont à la tête du mouvement industriel et scientifique, mais surtout aux masses ouvrières, qui ont su, avec une intelligence incontestable, puiser aux sources qui leur étaient offertes.

Chefs d'ateliers ou ouvriers, tous ont pu s'approprier, dans la mesure de leurs moyens, les éléments que les expositions leur offraient. Beaucoup d'entre eux ont su, dans l'appréciation d'un produit, reconnaître le mérite et la valeur du procédé industriel ayant amené ce produit ; nous dirons plus, déduire l'application technique de ce procédé. Beaucoup ont su, de choses insignifiantes et de peu d'importance apparente, déduire des conséquences très-complètes pour les progrès de leur industrie.

Les uns, portés par des aptitudes mécaniques ou par l'esprit d'observation des faits matériels ; les autres, conduits par le sentiment de l'art et du dessin, par l'inspiration d'un bon goût naturel qui leur a fait apprécier à propos le mérite de la forme, tous ont recueilli, à des degrés différents peut-être, mais à des degrés certains, évidents, le germe utile et fécond de perfectionnements qu'on peut pressentir, qu'on voit déjà, et qu'on verra avec les années se compléter, se développer, grandir et renouveler, en quelque sorte, la face de l'industrie et de la science.

Les bienfaits recueillis par l'examen et l'étude dans les galeries des expositions ne sont peut-être pas les plus grands qu'aient amenés ces moyens de faire connaître, de vulgariser l'industrie.

Les grandes expositions internationales ont eu pour but de créer des relations entre les travailleurs de tous les peuples ; elles ont appelé les coopérateurs de l'œuvre commune à se rencontrer, à s'apprécier, à se juger, à se connaître.

La révélation de la vie et des coutumes industrielles inhérentes aux grandes nations du monde s'est faite à tous et au profit de tous.

C'est ainsi qu'à la dernière Exposition de Londres, la visite et la fréquentation des ateliers anglais, l'observation des coutumes anglaises au point de vue social, même en dehors de l'action industrielle, l'examen des faits et gestes d'une nation active, laborieuse et intelligente comme est la Grande-Bretagne, la vue de cet immense mouvement qui part du cœur de ce peuple pour se porter avec énergie et volonté aux extrémités des membres qui chez nous s'engourdissent et s'étiolent faute d'une homogénéité persévérante comme celle qui distingue nos voisins, l'aspect même d'une société chez laquelle l'abus trop exclusif des sentiments matériels, l'égoïsme rapace et la soif de l'envahissement ont pu devenir des éléments de succès et de puissance, c'est ainsi, dirons-nous, que tout cela a dû éclairer et instruire nos ouvriers, nos artistes industriels qui savent si à propos, et avec leur entrain tout français, s'assimiler ce qu'ils voient dans les propensions de leur nature et de leurs goûts.

Pour tout esprit observateur (et les masses, chez nous, quoi qu'on puisse dire du caractère français, sont essentiellement aptes à observer, à comparer, à comprendre), la révélation de l'industrie ne se fait pas seulement à l'atelier ou dans les expositions publiques, elle se produit sous toutes les formes et des façons les plus multiples dans l'état vulgaire des hommes et des choses, dans les monuments, dans tous les objets extérieurs, dans la rue, partout enfin où peut se fixer la vue, où peut s'éveiller une idée.

De là le mérite des grandes luttes internationales, plus encore peut-être que dans la vue et l'étude des expositions.

En s'appuyant sur ces idées, on comprendra combien l'utile mesure des expositions gagnerait si elle était complétée à l'aide de congrès ou de grandes réunions scientifiques et industrielles.

Que partout où s'ouvre une exposition, on voit se constituer, à côté, des réunions publiques, ouvertes, non-seulement aux exposants, mais à tous ceux qu'intéresse l'industrie : fabricants, ingénieurs, artistes, ouvriers, où l'on examine les aperçus nouveaux que soulèvent les produits exposés, où l'on traite des questions réelles et pratiques à la portée de tous.

Qu'on admette enfin la discussion et la lumière en la cherchant, non pas seulement parmi quelques savants membres des Académies, non pas seulement auprès de quelques rares représentants, trop souvent officiels, d'un petit nombre d'industries.

Qu'on crée, en un mot, de grandes assises de l'industrie, où des jurys, composés de véritables savants, de véritables industriels et d'ouvriers intelligents et habiles, jurys formés à la manière des conseils de prud'hommes, par exemple, viendront présider des discussions publiques, recevoir les observations des intéressés, s'éclairer et s'instruire en éclairant et en instruisant leur auditoire, on aura rendu les expositions, non plus intéressantes, mais réellement profitables aux progrès de l'industrie et de la science, mais véritablement utiles, et se rapprochant du but qu'elles doivent chercher.

Déjà, dans certains grands concours industriels, à côté du fabricant, à côté du producteur qui trop souvent n'a pas au même degré le sentiment et l'initiative du progrès industriel que le sentiment des affaires et le génie commercial, on a placé la coopération ; on a récompensé l'ingénieur capable, le chef ouvrier habile.

C'est, tout esprit impartial le reconnaîtra, un premier pas dans la voie du droit et de l'équité, attribuant aux uns le prix que méritent une direction habile et l'intelligente initiative d'un chef d'industrie, aux autres la récompense de services plus matériels peut-être, mais tout aussi réels, sinon plus positifs, puisque c'est par leur concours que le progrès s'est fait, que les procédés se sont créés, perfectionnés, améliorés.

Que de cette idée, on arrive à la création de jurys mixtes, puisés aux sources vives de l'industrie ; qu'on arrive à la formation de congrès permanents, fonctionnant suivant des classifications analogues à celles adoptées dans l'ordre ordinaire des expositions ; que ces jurys deviennent un véritable tribunal où seront examinées, débattues et votées au besoin, les récompenses à attribuer aux chefs d'industrie et à leurs collaborateurs ; que ces congrès soient l'objet de conférences publiques, où les exposants comme les délégués des diverses industries viendront constituer des cours mutuels qui, par les spécialités qu'ils embrasseront, dresseront les bases d'une véritable encyclopédie industrielle, — et les expositions deviendront alors des mesures grandes, sérieuses, véritablement utiles à l'enseignement des masses et aux progrès de l'industrie, quand elles ne sont aujourd'hui, trop souvent, que des exhibitions plus ou moins curieuses, où la réclame et le tour de force trouvent, quoi qu'on fasse, à se glisser au profit de l'intérêt personnel. Et, les services rendus à l'industrie par un grand nombre de promoteurs ignorés, ressortiront plus appréciés et mieux payés, en attribuant à chacun la place que lui méritent ses œuvres.

Si les expositions ont amené à leur suite, comme nous venons de le faire remarquer, les visites de chantiers et d'établissements industriels, l'examen de l'industrie à l'étranger, comme dans tous les centres où elle pouvait être l'objet d'un intérêt bien compris ; si elles ont été l'occasion d'encouragements et de récompenses aux travailleurs industriels, il ne s'ensuit pas que voyages d'études, visites d'usines, examen des industries étrangères ou locales, encouragements et récompenses ne soient de bonnes et utiles mesures à prendre en tout temps et en toutes occasions, même en dehors des exhibitions périodiques.

Les sociétés savantes ou industrielles, dont nous avons parlé, peuvent très-bien appliquer ces mesures au profit des études ou des progrès qu'elles représentent.

Déjà, la plupart d'entre elles distribuent, qui des livres, qui des médailles, qui des primes d'encouragement. Qu'elles transforment une partie de ces récompenses en des subventions destinées à payer des frais de voyage faits en vue d'étudier l'industrie, ou encore qu'elles les attribuent aux auteurs de mémoires écrits *de visu* sur des procédés étudiés çà et là par de véritables excursionistes industriels, et elles auront ainsi ajouté un levier puissant à l'influence dont elles disposent, à l'œuvre de propagation à laquelle elles sont vouées.

Les voyages industriels bien compris sont certainement un des moyens d'études les plus intéressants qu'on puisse chercher, surtout pour les jeunes gens qui veulent s'instruire ou qui veulent compléter, à l'aide d'observations pratiques, des connaissances déjà acquises dans la théorie. Quelques-unes des écoles de l'État, notamment les Écoles d'application des ponts et chaussées et des mines, l'École centrale des arts et manufactures, etc., tendent à utiliser une partie des longues vacances laissées aux élèves, en exigeant d'eux des études recueillies au milieu de courses industrielles que les Compagnies de chemins de fer voient d'un œil assez favorable pour les aider par là concession de billets de faveur.

Que ces études soient quelquefois mal comprises, parce qu'elles manquent de direction, qu'elles soient incomplètes, parce que tous les jeunes gens ne s'y prêtent pas avec une égale ardeur, qu'elles soient trop souvent des œuvres de compilation et d'une valeur douteuse, ce qu'on éviterait aisément à l'aide de programmes bien tracés et d'une observation rigoureuse, il est évident que là, comme dans toutes les meilleures mesures, il y a quelques écueils à éviter. Mais, que sont ces écueils à côté des notions sérieuses que peuvent recueillir les glaneurs consciencieux auxquels les portes des officines industrielles sont si facilement ouvertes aujourd'hui ! Le temps n'est plus où l'industrie, affectant des allures mystérieuses, cherchait à cacher la trace de procédés que les connaissances actuelles permettent aisément de reconnaître et de trouver, quoi que puisse faire le fabricant pour les rendre secrets.

Aussi, les jeunes gens des écoles, dont nous parlons, peuvent-ils facilement puiser, à peu près à toutes les sources utiles, les éléments pratiques si nécessaires pour compléter l'enseignement théorique ou descriptif donné par les professeurs.

Quoi qu'on dise et quoi qu'on fasse, il faut aujourd'hui que l'esprit pratique pénètre dans les masses, à quelque degré qu'on les examine, du moment qu'elles doivent prendre part au mouvement industriel et scientifique qui nous entraîne.

La science est certainement une belle et grande chose. Elle relève le niveau de l'esprit humain. Elle offre à ses adeptes de profondes jouissances. Elle est la force et la puissance de l'avenir. On a dit tout cela, avant nous, et bien autre chose encore, pour la glorification de la science.

Nous le comprenons et nous l'approuvons. Nous admirons les savants qui se vouent à la science unique, toute d'abstraction et de théorie. Travailleurs de la pensée, ils vivent pour élargir le domaine de l'intelligence humaine, mais ils ne cherchent pas à rendre ce domaine accessible. Et c'est là ce qui fait des savants une classe à part, honorant son époque et son pays, mais ne concourant pas ou ne concourant que trop peu au progrès universel, qui ne peut marcher sans la réalité des faits à côté des élucidations de l'esprit, qui a besoin de s'appuyer sur un ordre de choses naturel, souvent et malheureusement en désaccord avec les données exclusives de la science, qui doit s'inspirer de la matérialité souvent brutale des résultats en la rapprochant des zones éclairées de la sience, mais en ne l'égarant pas dans le domaine de la fiction ou de l'abstraction.

Aussi, les savants absolus, les savants de cabinet, les savants académiques, si nous osons nous exprimer ainsi, sans atteindre les susceptibilités de personne, ne sont-ils et ne peuvent-ils être qu'une exception, qu'une anomalie dans notre siècle où toute théorie qui ne tend pas à passer rapidement à l'application risque d'être niée, ou tout au moins dédaignée, abandonnée.

Peu d'abstractions et beaucoup de réalités. Un peu moins de savants et plus d'hommes pratiques unissant la science à l'action, les chiffres aux faits, les formules aux résultats : telle est la loi d'une époque où le progrès dans l'industrie est l'une des bases essentielles du progrès dans l'ordre social tout entier.

En vertu de cette loi de mouvement qui doit faire préférer aux études purement théoriques la science pratique et l'observation des faits, nous ne pouvons qu'insister sur l'application des moyens à prendre pour développer dans l'enseignement industriel toutes les tendances de l'esprit de recherche et d'invention, toutes les progressions vers un état de choses à la fois matériel et raisonné, participant à la fois de la science et de la pratique.

Les expositions, les voyages industriels, les visites d'usines et de chantiers, les études recueillies au sein de musées spéciaux, comme ceux que nous trouvons au Conservatoire des arts et métiers de Paris, à celui de Bruxelles, à l'Institution polytechnique de Londres, etc., etc., les écoles d'application représentées au besoin par les chemins de fer et les grandes usines de l'État, tels sont, entre autres, les moyens d'arriver à la fusion de la pratique et de la science, en dehors de l'action des écoles spéciales et de celle des sociétés savantes combinées avec les associations industrielles.

La vulgarisation de la science et de l'industrie est partout dans l'ordre de l'état actuel. Empruntée de divers côtés à des éléments épars, elle se produit néanmoins, et nous la voyons de plus en plus chercher à se répandre. Il suffirait d'un esprit de système qui, sans confondre, dès aujourd'hui, tous ces éléments, pourrait tendre à les réunir et à les rattacher un jour. De même qu'à l'organisation de l'enseignement industriel doit présider un certain ordre d'ensemble arrêté en principe, il est bon qu'à la question de la propagation des connaissances industrielles, corollaire indispensable de celle de l'enseignement, on cherche à apporter un sentiment de méthode et d'unification.

C'est là le but vers lequel, évidemment, il faut tendre dans l'un et dans l'autre cas. Et la principale préoccupation des hommes qui sont chargés de ces questions devrait être, tout d'abord, de donner un corps compact aux idées que nous exprimons, et de poser les bases d'un tout homogène qui se produira tôt ou tard par la force des choses, et qui, bien que restant encore à l'état de projet, ne peut ni suspendre ni entraver les réformes possibles dès aujourd'hui.

Divers moyens sont encore à noter, qui doivent aider puissamment au développement des études scientifiques et industrielles, et à l'élargissement du cercle sans cesse agrandi dans lequel ces études se complètent, se fortifient, et viennent chercher une maturité que reculent éternellement le temps et le progrès. Ces moyens procèdent de la publicité apportée à toutes les branches des connaissances humaines, à tous les travaux techniques, à toutes les découvertes et inventions utiles, à toutes les œuvres qu'enfantent la science et l'industrie dans leurs combinaisons multiples, dans leurs relations intimes toujours nouvelles et toujours renaissantes.

Cette publicité se produit sous l'empire de deux modes de diffusion différents :

Par l'enseignement des cours publics, athénées, sociétés scientifiques, associations polytechniques, etc. ;

Par l'action de la presse et par la publication des ouvrages scientifiques et industriels.

Dans le premier cas, les institutions existantes rendent des services incontestables, sinon toujours aux ouvriers et à la partie militante de la science et de l'industrie, du moins au plus grand nombre, du moins aux gens du monde qui tous gagnent *à se frotter* aux enseignements qui peuvent les tenir au niveau du progrès moderne ; car nul aujourd'hui ne peut ignorer ou n'est sensé ignorer les éléments fondamentaux des sciences industrielles.

Que les cours publics soient plus ou moins pratiques, plus ou moins développés, plus ou moins complets, ils tendent à jeter, parmi ceux qui les suivent, des racines plus profondes que superficielles, plus durables qu'éphémères. Ce qu'on apprend dans les cours publics par l'enseignement oral se grave plus sérieusement dans la mémoire de l'auditeur attentif que ce que pourraient enseigner les livres au lecteur le plus assidu.

D'un autre côté, les livres deviennent, à un moment donné, pour ce qui est de l'étude et des sciences, le complément nécessaire et indispensable des leçons du professeur. Aussi, le professeur est-il toujours logique et vrai, quand il s'inspire de la réalité des faits, quand il s'appuie sur les ouvrages spéciaux écrits ou dictés par des hommes de métier.

L'enseignement des cours publics, quand il peut s'appuyer sur des démonstrations claires et précises, quand il résulte d'expériences bien amenées ou de faits bien expliqués, est un des leviers les plus puissants du système de propagation des connaissances usuelles que nous cherchons à préconiser. Déjà, son influence est grande dans tous les centres où des athénées, où des sociétés polytechniques ont été constituées. Elle deviendrait plus grande encore si elle revêtait une forme plus universelle et plus homogène. Que des facultés industrielles s'organisent, dans les grands centres, comme on a des facultés des lettres ou des facultés des sciences, qu'elles relèvent d'une direction une, comme celle du Conservatoire, par exemple, qu'elles fassent partie d'un tout, que nous avons appelé ailleurs *Université de l'industrie et des sciences*. Que du moins les encouragements et l'appui de l'État aillent trouver les fondations pouvant résulter de la générosité des villes ou de l'initiative publique, que les cours ne soient pas abandonnés au zèle plus au moins désintéressé des professeurs, à la discrétion absolue des auditeurs ; que les uns trouvent une rémunération raisonnable de leurs travaux, et par là contractent l'obligation de n'entreprendre que des cours sérieux et suivis ; que les autres, par un mode bien arrêté d'inscriptions, d'amendes, de récompenses, etc., soient forcés, en quelque sorte, à l'assiduité et à l'exactitude. Que les travailleurs, surtout, trouvent dans des instructions bien présentées, et dans des programmes bien compris, l'intérêt qui les attire et qui les attache, qu'ils aient devant eux la perspective de conquérir par l'étude les grades industriels que nous voudrions voir gagner par tous les soldats de l'industrie, et l'on aura, nous le répétons, ce que tous les bons esprits savent déjà, dans l'enseignement des cours publics, un des meilleurs ressorts du système de vulgarisation des études industrielles.

Un autre ressort non moins sérieux, d'une portée plus profonde en ce sens qu'il peut atteindre les masses jusque dans les centres les moins agglomérés, jusque dans leurs foyers, jusque dans leur isolement, est celui qui se produit par la voie d'expansion de la presse, par la diffusion des livres techniques, spécialement consacrés aux études dont nous recherchons le développement.

Tout le monde, en effet, n'est pas en libre mesure de suivre des cours publics, de fréquenter les réunions savantes où la science et l'industrie se discutent et s'expliquent. D'une part, les cours publics, les athénées, les associations industrielles et scientifiques ne peuvent se produire et subsister que dans les grandes villes, ou du moins dans les villes comprenant une population spéciale assez abondante. Et encore, ces créations ont-elles bien de la peine à vivre et à se développer, malgré les plus grands efforts, au sein de certains centres où l'aliment ne devrait pas manquer, mais où il s'abstient par défaut d'entrain, de volonté, de désir de s'instruire.

D'autre part, vers les points où l'industrie se développe isolée ou tout au moins dans un certain rayon restreint, il n'est pas possible que les travailleurs puissent profiter des ressources qu'offrent les agglomérations plus complètes.

La lecture devient alors le plus essentiel et le principal élément de l'instruction industrielle.

Toutefois, il ne faut pas se dissimuler qu'elle offre une arme difficile à manier, dangereuse à l'occasion et pouvant jeter le désordre dans l'esprit et dans les idées.

Si des livres écrits avec passion sont appelés à propager l'erreur dans l'ordre moral et social, les livres de science et d'industrie ne tendent qu'à servir l'ignorance et qu'à rejeter la science et l'industrie sous le boisseau, quand ils ne sont pas faits par des gens expérimentés et convaincus, quand il n'émanent pas d'hommes spéciaux traitant sinon académiquement, du moins clairement et solidement les questions de leur métier.

Les grands journaux, qu'on est convenu d'appeler la *grande presse* , ont longtemps bien mal servi et servent encore bien mal la cause de l'instruction scientifique et industrielle. A part quelques exceptions assez rares pour qu'on les cite (1), on trouve, en matière de science et d'industrie, dans les grands journaux, plus de récits absurdes; plus de questions puériles, plus de recettes de bonne femme, que de choses sérieuses et pratiques. Et c'est vraiment fâcheux, car l'immense publicité qu'atteignent ces journaux serait d'un effet tout-puissant pour répandre au sein des masses des éléments d'études à leur portée, un germe fécond d'instruction populaire.

Quand on parcourt les mille nullités qu'enregistrent les faits divers et les feuilletons, quand on examine toute la place absorbée par des choses oiseuses ou indigestes, ne s'adressant qu'à la curiosité de lecteurs lassés ou ennuyés, on se demande comment il se fait qu'aucun des grands journaux n'ait encore pris la résolution de modifier ses programmes, et de donner chaque jour des séries de cours populaires, simples et pratiques, à la portée des travail-

(1) Les articles, entre autres, de MM. Sam (Henri-Berthoud), — Figuier, — Turgan, — l'abbé Moino, etc., etc.

leurs, comme à celle des gens du monde, rédigés sous une forme
excluant l'aridité et la sécheresse, la forme qu'emploient, par
exemple, les écrivains que nous citons, et apportant des notions
claires, précises, sérieuses, au lieu de compilations sans portée
et sans but.

Tout le monde sait le succès des articles scientifiques de *Sam*
dans la *Patrie*. Ces articles, rédigés avec entrain, avec esprit,
agréables à lire, apportant l'étude sous une forme anecdotique,
souvent amusante, toujours intéressante et instructive, portent en
eux la preuve des résultats qu'on obtiendrait en développant cette
partie des journaux, en la rendant journalière, en lui donnant sa
place comme le feuilleton a la sienne, en abordant tour à tour la
technologie des ateliers industriels et la démonstration des faits
scientifiques qui se rattachent à l'industrie, en ouvrant successivement pour toutes les sciences, pour toutes les industries, une
chaire publique à l'usage de tous ceux qui peuvent lire et qui
cherchent à s'instruire.

Nous n'ignorons pas que les journaux, opérations commerciales
et industrielles tout d'abord, doivent songer avant tout à servir la
pâture qui doit leur amener des abonnés, et que dans cette pâture,
le mélange indigeste de faits divers et de romans que nous rappelons, occupe une place qui ne peut disparaître. Supprimer ces
parties où la morale et la littérature sont souvent mal à l'aise, où
le bon sens et la raison sont sacrifiés au profit de l'erreur et de
l'idiotisme, nous savons que cela ne ferait pas l'affaire de la curiosité et de l'habitude. Mais, à côté des faits divers, des comptes-
rendus inutiles, des romans-feuilletons qu'on vend aujourd'hui
dans la rue à l'aide de revues spéciales, ne serait-il pas facile de
trouver une place pour un feuilleton sérieux et continu, portant
journellement une dose d'instruction rationnelle et pratique ?

Que les feuilles qui s'intitulent populaires, qui parlent de *sacer-
doce* en fait de journalisme, qui prêchent trop souvent à des moments donnés, aux masses, ce qu'elles n'ont pas besoin de savoir
ou ce qu'elles ont besoin d'oublier plutôt que d'apprendre, que
ces feuilles prennent l'initiative du progrès que nous signalons,
et la grande presse aura concouru puissamment au système général de propagation des sciences et de l'industrie que nous cherchons à étudier.

Jusque-là, nous ne pouvons que louer les journaux qui donnent
asile à des chroniques sérieusement conçues, cherchant à répandre, en dehors des données académiques et professorales, des
notions pratiques et raisonnées. Toutefois, nous le répétons, c'est
insuffisant pour des feuilles qui pourraient faire davantage, et cela

a l'inconvénient de n'avoir qu'un but, celui de la curiosité et de l'amusement, au lieu de celui plus sérieux et plus vrai de l'instruction populaire.

Des recueils de second ordre abordent largement ces questions. Quelques-uns même les traitent d'une manière à peu près absolue. Mais combien, en pareil cas, beaucoup d'appelés et combien peu d'élus. Tel recueil n'ayant pas la puissance d'attirer autour de lui des rédacteurs habiles reste livré aux forces insuffisantes d'un petit nombre d'écrivains. Tel autre, conçu dans une intention de spéculation, reste inconnu faute de trouver des abonnés ; tels ou tels autres, et ce sont encore ceux qui ont le plus de succès, s'adressent à des catégories toutes spéciales de lecteurs ; tous enfin sont peu répandus, parce que si l'on peut lire un grand journal, on n'est pas toujours disposé à lire et à acheter des journaux spéciaux.

Néanmoins, certaines revues spéciales ont une véritable valeur, en raison même de leur spécialité, et viennent rendre de sérieux services à la cause générale des sciences industrielles, comme à certaines catégories d'industries. Sous ce rapport, elles ont leur raison d'être, et si quelques-unes sont ridicules ou absurdes, si elles n'offrent que des sujets de compilation ou de redites, un certain nombre sont certainement utiles à la grande cause de l'enseignement professionnel. Elles apportent à cette cause leur pierre, de la même façon que nous essayons d'apporter la nôtre, et comme d'un grand nombre de pierres amoncelées peut se produire un immense édifice, nous ne devons que souhaiter à ces revues toute la prospérité et toute l'extension possibles.

Les publications périodiques abordent tous les sujets, ou du moins un certain nombre de sujets. Il n'en est pas de même des livres qui ne peuvent traiter généralement que d'une fraction de la science ou de l'industrie.

Les livres, en un mot, sont plus spéciaux que les revues. Aussi les achète-t-on moins et ont-ils, en principe, moins de lecteurs, parce qu'ils ne s'adressent qu'à des lecteurs qui ont un besoin exceptionnel et particulier de se renseigner exactement sur telle ou telle partie de la science ou de l'industrie.

On ne se doute guère de ce que coûte à son auteur de temps, de soins, de peines et de dépenses, un ouvrage sérieusement médité et exécuté sur une question spéciale de science et d'industrie. Et quand on songe qu'un pareil ouvrage, tiré à mille exemplaires, mettra dix ans à se vendre, s'il est bon et s'il a du succès, car que d'ouvrages scientifiques ou industriels ne dépassent pas la première centaine d'exemplaires vendus, on doit reconnaître, non pas le mal de l'auteur si peu récompensé, ce qui est un détail, mais le peu d'action qu'exercent les livres sur les progrès de la science et de l'industrie (1).

Quand nous disons le peu d'action, nous ne voulons pas dire strictement que les livres scientifiques ou technologiques soient sans influence sur l'instruction générale professionnelle. Ils sont, au contraire, grâce à leurs vues spéciales et à leurs études particulières, d'un puissant concours dans les mains des travailleurs spéciaux, et, sous ce rapport, leur action petite, quant à la diffusion des livres en des mains nombreuses, devient grande par les ressources qu'elle apporte en des mains exercées.

Du reste, les livres élémentaires, les guides, les manuels, ont généralement plus de succès que les livres purement spéciaux, ne traitant que certaines fractions de l'industrie ou de la science, et n'abordant que des questions d'un ordre élevé ou particulièrement théorique.

Ces derniers livres, quand ils sont bons et pourvus d'idées devant faire progresser la science et l'industrie, sont lus néanmoins, bien que se vendant peu et ne profitant ni à l'auteur, ni à l'éditeur. Les travailleurs vont les chercher et les consulter dans les bibliothèques publiques.

Seulement, le nombre des bibliothèques publiques est restreint, et peu de ces établissements, surtout, possèdent des collections d'ouvrages modernes scientifiques et industriels.

La question à l'ordre du jour des bibliothèques communales, industrielles et agricoles, trouve ici tout naturellement sa place. Par la création de telles bibliothèques, l'action des revues spéciales et celle des livres peuvent être décuplées, centuplées. Et c'est un immense service rendu à l'instruction populaire que le fait de vulgariser des œuvres dont l'action est justement faible ou impuissante par le manque d'une publicité suffisante et de débouchés assez certains.

(1) Nous ne parlons pas ici de livres de professeurs, lesquels livres s'écoulent forcément, bons ou mauvais, aux mains des élèves des écoles et des colléges, ni des livres qui font métier de compilation et qui sous forme de tables, de dictionnaires, d'aide-mémoires, apportent un peu de tout, pris *partout*, et s'adressent au plus grand nombre de lecteurs. Ces livres-là se vendent, bien qu'ils coûtent peu à leurs auteurs, et l'on en a vu écouler jusque 8 et 10 éditions. Sous ce rapport, ils rentrent parfaitement dans nos idées de vulgarisation, et si quelqu'un ou quelque chose souffre de ces publications, ce sont les auteurs qu'on a lésés, et la vérité qui est quelquefois altérée par des compilateurs maladroits ou ignorants.

Sans nous arrêter aux moyens d'arriver à la formation de bibliothèques communales, ce qui tendrait à élargir notre cadre sans intérêt immédiat pour le sujet que nous traitons, nous pouvons dire qu'un des moyens féconds de favoriser l'extension des bibliothèques publiques consisterait à offrir aux auteurs et aux éditeurs des ouvrages scientifiques, industriels ou agricoles, des souscriptions à prix réduits couvrant les frais de publication et laissant aux intéressés une marge de profits modérée, mais certaine.

En général, si nous exceptons quelques ouvrages de compilation, dictionnaires, tables ou manuels, les œuvres de la science et de l'industrie sont, au point de vue commercial, de tristes spéculations. Les éditeurs les plus intelligents échouent contre l'apathie, l'indifférence ou le petit nombre des lecteurs. Les auteurs les plus heureux voient à peine leurs œuvres payées le prix que trouveraient le plus mauvais roman ou les plus tristes contes à faire dormir debout.

Dans la littérature bonne ou mauvaise, on peut faire de la librairie à bon marché. On sait que les classes de lecteurs auxquelles on s'adresse sont nombreuses, et que leur nombre peut se multiplier instantanément, suivant la fantaisie, l'engouement, la passion, en un mot, tout ce qui constitue ce qu'on est convenu d'appeler la vogue.

Il n'en est pas de même dans les publications spéciales qui s'adressent aux sciences, à l'industrie, à l'agriculture ou au commerce. Ces publications, quelque bonnes qu'elles soient, ont toujours un succès très-limité. Pour mériter ce succès, elles exigent des soins particuliers d'exécution ; elles entraînent des planches dessinées et gravées, des tableaux, des chiffres, etc. Par là, elles coûtent toujours assez cher pour atteindre des prix relativement élevés en librairie. Aussi, ne sont-elles recherchées et achetées que par un infiniment petit nombre de lecteurs sérieux ou par ceux qui, par position, sont obligés de demander un complément de renseignements ou d'instruction aux livres spéciaux se rattachant à leur carrière.

Longs à se répandre, longs à s'écouler, limités trop souvent à une édition unique, inépuisable, combien de bons livres, parmi ceux dont nous parlons, n'apportent à leurs auteurs ni notoriété, ni gloire, ni argent, pas même, à défaut d'un succès matériel, les satisfactions d'amour-propre qui vont trouver, par le retentissement, les auteurs dont les œuvres brillent d'un éclat plus tapageur, éclat éphémère, peut-être, mais dont le bruit appelle le succès.

Dans la littérature, comme dans toutes les œuvres de l'esprit qui ne s'appuient pas sur la rigidité des faits et qui n'exigent pas la précision nécessaire aux ouvrages dépendant de la science et de l'industrie, le champ est vaste et inépuisable. Et à cause de cela, aucun livre peut rigoureusement n'être ni copié, ni imité, ni reproduit servilement, en tout ou en partie, qu'avec l'assentiment formel des auteurs ou de tous autres ayants-droit.

Il n'en est pas de même des ouvrages qui se déduisent du mouvement scientifique et industriel.

Là, la science est une, l'industrie a ses bases et ses principes dont elle ne peut sortir, et, entre deux ouvrages qui se cotoient pour traiter le même sujet, la manière d'exprimer les mêmes idées peut différer dans la forme, mais elle est assez semblable au fond pour que l'imitation, la reproduction, la compilation, la contrefaçon puissent se faire jour aisément, et venir, par une sorte de concurrence fatale, anéantir une œuvre ayant coûté bien des peines et du temps à son auteur.

On peut comprendre, d'après ces données, dont il nous serait facile de mener le développement plus loin, combien la position des écrivains qui font des livres de science et d'industrie est critique et peu enviable. Aussi, le nombre de ces écrivains est-il relativement faible ; aussi, bien des hommes compétents en matière de science et d'industrie, bien des hommes habiles dans leur art et dans leur métier, capables de tenir une plume et d'écrire un livre utile, restent-ils à l'écart, sans se préoccuper d'apporter à la vulgarisation de la science et de l'industrie, par des écrits, le tribut de leurs connaissances et de leurs études.

Des souscriptions offertes par l'État ou par les communes et les services publics ayant à constituer des bibliothèques viendraient en aide à la propagation des livres utiles. Elles combleraient le déficit trop fréquent que laissent, en les mains de l'auteur et de l'éditeur, des éditions qui devraient se vendre en raison de leur utilité réelle, mais qui restent invendues faute de débouchés suffisants. L'écoulement de bons livres ainsi assuré permettrait aux éditeurs ou aux auteurs de se montrer peu difficiles à l'endroit du prix d'un excédant dont ils n'auraient pas l'emploi sans cela. Et, par ce moyen, deux résultats importants seraient atteints : l'un aidant les bibliothèques publiques à s'approvisionner et à se compléter en ouvrages spéciaux, à peu de frais ; l'autre encourageant les auteurs et pouvant leur permettre d'écouler ou de répéter leurs éditions en les améliorant et en les tenant au niveau du progrès.

Les ouvrages populaires, les manuels, bien compris et rédigés sous une forme simple et précise, les écrits de science ou de technologie des arts et métiers, publiés avec méthode et avec clarté, devraient être naturellement les objets des préférences de l'administration en fait de souscription. De bons ouvrages manquent en ce sens, pour former une encyclopédie des sciences et des arts et métiers ; ce serait en encourager la publication, et en réalité, ce serait rendre un grand service à la propagation des études industrielles, car dans ces études, comme dans toutes les autres, ce sont les éléments qui font la base de l'enseignement, et les ouvrages dont nous parlons n'ont pas de raison d'être s'ils ne s'appuient essentiellement sur ces éléments bien clairement élucidés et suffisamment développés.

DE LA CRÉATION

DES SALLES D'ASILE

les Établissements industriels

Tout le monde connaît les salles d'asile et a pu en apprécier les bienfaits d'une manière suffisante pour qu'il ne soit pas besoin d'expliquer ici l'historique des idées bienfaisantes qui ont présidé à la création de ces utiles institutions (1).

C'est pour suppléer, dit M. A. Cochin, le fils du fondateur des salles d'asile, dans son Manuel, auquel nous renvoyons pour tous les détails que notre cadre insuffisant ne saurait contenir ; c'est pour suppléer aux soins, aux impressions, aux enseignements que chaque enfant devrait recevoir de la présence, de l'exemple et des paroles de sa mère, qu'il a paru nécessaire d'ouvrir des salles d'hospitalité et d'éducation en faveur du premier âge.

Nous ajouterons qu'auprès des établissements industriels d'une certaine importance, la salle d'asile a sa place naturelle indispensable, au premier rang des institutions de charité et de philantropie que le chef manufacturier peut fonder en faveur de ses ouvriers.

(1) On trouve chez divers libraires, à la librairie Hachette notamment, un grand nombre de publications sur les salles d'asile, toutes plus ou moins intéressantes, mais toutes, dans tous les cas, dictées par des sentiments dont nous apprécions les généreuses tendances. Il peut suffire néanmoins, pour se renseigner complétement sur la question dés salles d'asile, de se procurer le *Manuel des salles d'asile*, par M. A. Cochin, et le *Guide des salles d'asile*, par M. Jubé de la Pérelle.

Garder les enfants, en l'absence des chefs de famille que réclament les travaux des ateliers, les préserver de tous accidents, de tous dangers, en même temps qu'elle les élève dans les meilleurs sentiments de la sagesse et du devoir, tel est le rôle de la salle d'asile dans les usines, où elle est, à la fois, une sauvegarde pour le présent et une garantie pour l'avenir en préparant de nouvelles générations d'ouvriers honnêtes, laborieux, probes et disciplinés.

La loi du 15 mars 1850, la plus récente sur l'organisation des salles d'asile, divise ces établissements en deux catégories : les écoles publiques qui sont fondées ou entretenues par les communes, les départements ou l'État, et les écoles libres qui sont créées par des associations ou par des particuliers.

C'est du régime de ces dernières institutions que nous avons à parler.

Ou les chefs d'usines peuvent fonder une salle d'asile entièrement à leurs frais et avec toutes les dépenses de direction et d'entretien à leurs charges, ou il peuvent recevoir des secours sur les budgets des communes, des départements et de l'État, ou, enfin, ils sont à même, avec les enfants de leurs ouvriers, de recevoir, moyennant une indemnité, les enfants de la commune sur laquelle sont situées leurs usines. Une retenue sur le salaire des ouvriers vient, au besoin, si l'usine recule devant des dépenses trop élevées pour ses ressources, pourvoir à la dépense entraînée par la salle d'asile.

Quel que soit le mode adopté, du moment que la salle d'asile est exclusivement libre et en dehors des fondations municipales, elle est gouvernée selon les intentions de la personne qui fait les frais de la fondation. Cette personne a le choix des directeurs, à la seule condition de les prendre parmi les maîtres autorisés à exercer, et elle a, en outre, de droit, l'administration économique et la responsabilité tout entière de la salle d'asile qui lui appartient.

Toutefois, la salle d'asile doit être autorisée par demande faite à l'administration supérieure et ne peut pas être ouverte sans avoir été l'objet d'un examen préalable de la part de l'autorité municipale qui déclare que la construction et la disposition du local présentent bien toutes les conditions de solidité, de salubrité et d'hygiène que les réglements exigent.

Les salles d'asile, quelles qu'elles soient, doivent être disposées à recevoir, en tout temps, la visite du maire ou de ses adjoints, qui sont chargés de veiller à la salubrité de l'asile, à sa propreté, au maintien de la discipline, à l'exécution des réglements, et qui ont le droit de saisir, au besoin, le pouvoir disciplinaire, ou le pouvoir judiciaire des faits qui peuvent avoir une influence sur la bonne tenue des écoles et sur la moralité de l'enseignement.

Le curé de la commune partage avec le maire la surveillance de la bonne tenue des enfants et s'occupe particulièrement de tout ce qui concerne leur éducation morale et leur instruction religieuse. Bien que l'intervention de l'autorité religieuse ne soit pas exigible au même degré dans une salle d'asile libre que celle de l'autorité municipale, il est évident que le fondateur d'un asile ne peut mieux faire que laisser toute la direction morale et intellectuelle de son école aux soins et à la surveillance du curé ou du pasteur que leur caractère appelle sans conteste à cette mission de confiance et de dévouement.

Si le choix du directeur ou plutôt du surveillant de la salle d'asile est laissé à la libre disposition du fondateur, il faut, cependant, que ce surveillant soit dans les conditions voulues d'aptitude et de moralité, et qu'il soit pourvu des autorisations nécessaires pour exercer.

Les salles d'asile peuvent être dirigées par des hommes; mais, néanmoins une femme y est toujours préposée pour les soins matériels à donner aux enfants. Nous ne déciderons pas la question, toute à l'appréciation du fondateur et dépendant des conditions de population et de lieux dans lesquels on se trouve, de savoir si l'on doit donner la préférence pour la direction d'une salle d'asile à un homme ou à une femme, à un laïque ou à un membre d'une communauté religieuse.

Comme principe, en ce qui nous concerne, nous préférerions beaucoup en pareil cas, les soins d'une femme à ceux d'un homme qu'on trouve difficilement avec toutes les conditions désirables pour diriger et soigner de tout jeunes enfants. Mais, quelques personnes, se fondant sur la difficulté et la fatigue qu'entraîne la surveillance assidue d'une salle d'asile un peu nombreuse, pensent trouver dans le choix d'un surveillant de meilleures garanties de force, d'activité et d'énergie.

Tout surveillant ou surveillante de salle d'asile doit avoir, dans tous les cas, au moins vingt-quatre ans accomplis, et ce n'est qu'en faveur de la femme et de la fille, des frères ou des neveux du surveillant principal que les règlements autorisent d'une manière absolue un abaissement d'âge amené à dix-huit ans, au lieu de vingt-quatre.

Dans une usine qui n'occupe pas un grand nombre d'ouvriers et où la salle d'asile est réduite à une œuvre de surveillance pour quelques enfants, il peut suffire de choisir une femme de bonnes mœurs, pieuse, dévouée et suffisamment intelligente et instruite pour donner aux enfants les premières notions de l'instruction la plus élémentaire. Si l'usine est assez importante pour exiger la tenue d'une école à l'usage des filles ou l'intervention d'une personne chargée de visiter les malades et les blessés, on fait très-bien de choisir deux ou trois sœurs parmi les ordres hospitaliers de St-Paul de Chartres, St-Vincent-de-Paule, St-Charles, etc., qui s'occupent à la fois des soins matériels à donner aux malades et de l'enseignement aux enfants.

Si l'asile doit recevoir plus de 50 à 60 enfants, la surveillance par deux personnes devient nécessaire. Une bonne sœur et une femme de charge, une mère et sa fille, un mari et sa femme, un frère et sa sœur peuvent d'autant mieux convenir qu'on aura plus de chances de rencontrer l'ensemble désirable, pour que l'asile soit bien dirigé.

Il est très-important que la personne chargée des exercices à la salle d'asile ait la prononciation facile, la parole claire et distincte, pour que les enfants la comprennent bien et s'habituent à un langage dépourvu d'accent ou d'intonations désagréables.

Les émoluments à attribuer aux directeurs ou directrices de salles d'asile sont naturellement proportionnés à l'importance des asiles et aux connaissances qu'on exige chez les personnes employées.

Il faut, dans tous les cas, que le directeur ou la directrice de l'asile ait une existence assurée. Pour trouver cette condition sans exagérer la dépense, on peut faire en sorte de choisir des personnes en position de se montrer peu exigeantes sous le rapport des appointements. Une mère de famille, par exemple, ayant ses enfants élevés, ou dont le mari exerce une profession déjà lucrative, une veuve ayant quelques revenus, une ancienne institutrice ayant une modique pension ou de faibles moyens d'existence, peuvent très-bien être choisis à l'occasion.

Les émoluments de la directrice de la salle d'asile peuvent ainsi varier entre 200 et 500 francs, suivant le choix à faire et les prétentions à contenter. La femme de charge, secondant la directrice de l'asile, peut être payée à raison de 0,75 à 1 fr. par jour. En dehors de ce traitement, nous comprenons que les frais de logement et de chauffage sont à la charge du fondateur de la salle d'asile.

En s'adressant à des communautés, comme celles dont nous venons de parler, on peut obtenir des sœurs, moyennant un traitement annuel de 300 à 500 fr. pour chacune, et la concession d'une habitation convenablement disposée pour les recevoir.

Quelque parti qu'on prenne, dans tous les cas, quant au salaire des personnes chargées de la salle d'asile, il convient de régler ce salaire de telle façon qu'il puisse suffire, sans que la personne qui le reçoit ait à élever la moindre réclamation auprès des familles.

Que le chef d'usine fasse seul les frais de la fondation ou qu'il en fasse supporter tout ou partie à ses ouvriers, il doit disposer les choses, vis-à-vis de ceux-ci, pour qu'ils ne soient en butte à aucune demande, à aucune exigence pouvant les obséder ou les exploiter.

Les salles d'asile sont spécialement soumises à la surveillance des inspecteurs et sous-inspecteurs de l'instruction primaire. Les inspecteurs d'académie les comprennent dans leurs visites de tournée. Des dames inspectrices assistées, au besoin, par des dames déléguées et nommées par l'autorité administrative, sur la présentation du maire, sont chargées de la visite habituelle et de l'inspection journalière des salles d'asile. On sait que S. M. l'Impératrice, protectrice des salles d'asile, a bien voulu les prendre sous son patronage et en est aujourd'hui, en quelque sorte, la première inspectrice.

Le chef d'usine n'a rien à redouter de toutes ces visites et de tous ces patronages qui viennent l'aider à améliorer et à conduire à bon port l'œuvre qu'il a entreprise. C'est, au contraire, pour lui la meilleure garantie du succès et du mérite de sa fondation.

Les salles d'asile sont ouvertes :

Du 1er mars au 1er novembre, depuis sept heures du matin jusqu'à sept heures du soir.

Du 1er novembre au 1er mars, depuis huit heures du matin jusqu'à six heures du soir au plus tard.

Les exercices d'enseignement ont lieu chaque jour de la semaine, pendant deux heures au moins, et quatre heures au plus. Chacun de ces exercices ne dure pas plus de dix à quinze minutes.

Sont admis dans les salles d'asile, les enfants de deux à six ans (1).

Dans les salles d'asile libres, cette condition d'âge n'est pas aussi rigoureuse et l'on peut garder les enfants jusqu'à sept ans. Les enfants ne doivent être reçus à la classe que sur le vu d'un certificat de médecin, constatant qu'ils ne sont atteints d'aucune maladie contagieuse, qu'ils ont été vaccinés ou qu'ils ont eu la petite vérole.

Les parents doivent, avant d'amener leurs enfants à l'asile, avoir soin de leur faire toute toilette de propreté désirable et éviter de les laisser se présenter avec des vêtements troués, décousus ou

______

(1) A Marquise, on les garde jusqu'à sept ans.

déchirés. Les salles d'asile doivent être tenues fermées les jours fériés. Si, par exception, on veut les rendre ces jours-là accessibles aux enfants, les préaux seuls doivent demeurer ouverts sous la garde d'une femme de service à défaut du surveillant ou de la surveillante.

Les réglements exigent qu'il soit tenu, dans chaque salle d'asile, cinq registres à représenter à toute réquisition des inspecteurs ou autres intéressés à la prospérité de l'œuvre, savoir :

1° Un registre matricule, portant jour par jour, sous une même série de numéros, les noms et prénoms des enfants admis, les noms, professions et demeures des parents ou tuteurs, et les conventions relatives aux moyens d'amener ou de reconduire les enfants.

2° Un livre constatant les prescriptions ordonnées à chacune des visites du médecin attaché à l'asile. Ces visites doivent avoir lieu au moins une fois par semaine ;

3° Un livre des inspections sur lequel la dame inspectrice et les autres personnes, ayant droit de visite, constateront le nombre des enfants présents à l'asile, leurs occupations du moment et les observations qu'elles auront faites ;

4° Un livre où s'inscrivent les noms des visiteurs. On conçoit que dans une salle d'asile d'usine placée sous la surveillance et la direction immédiate des maîtres de l'usine, ce livre n'a pas de raison d'être ;

5° Un livre de recettes et de dépenses qui, comme le précédent, vu les conditions particulières des salles d'asile dont nous nous occupons, n'a pas rigoureusement besoin d'être tenu à l'asile dont l'entretien est à la charge d'une usine.

Ces divers registres se trouvent tout préparés chez les éditeurs d'ouvrages à l'usage des salles d'asile.

Dans le programme général des salles d'asile, arrêté par le Conseil royal de l'instruction publique, en février 1838, et par les décrets de l'Empereur, du 22 mars 1855, sont indiquées toutes les mesures utiles à prendre pour la tenue des salles d'asile, pour les soins à donner aux enfants et pour les exercices à leur faire suivre. Nous allons résumer, en vue de donner à nos lecteurs les renseignements généraux qui se rattachent à l'établissement des salles d'asile, les principales prescriptions de ces divers documents.

Les salles d'exercice destinées à recevoir les enfants seront situées au rez-de-chaussée, planchéiées ou carrelées, ou airées en asphalte ou en salpêtre battu, et éclairées des deux côtés par des fenêtres qui auront leur base à au moins deux mètres du sol, avec châssis mobile.

La forme de ces salles sera, autant que possible, celle d'un rectangle d'au moins 4 mètres de largeur sur dix de longueur pour cinquante enfants ; et d'au moins huit mètres sur seize à vingt mètres pour deux cents à deux cent cinquante enfants, chiffre à ne jamais dépasser.

A l'une des extrémités de la salle, en face la porte d'entrée, autant que possible, seront établis des gradins formés d'une suite de marches non interrompues, sur lesquelles les enfants pourront être assis en même temps. On ménagera, sur les gradins, entre les rangs des enfants, les places nécessaires pour permettre le classement facile, les mouvements des élèves et la circulation des maîtres et de leurs aides.

Des bancs fixés au sol seront placés dans le reste de la salle avec un espace vide au milieu pour les évolutions.

Devant les bancs seront des cercles peints ou incrustés sur le plancher, des porte-tableaux et des touches. Autour de la salle seront suspendus des tableaux présentant les premiers et les plus simples éléments de l'instruction primaire.

A côté de la salle d'exercices, il y aura un préau en partie couvert et en partie découvert, d'une dimension au moins triple de ladite salle. Dans la partie découverte, dont on ménagera l'exposition de la manière la plus favorable à la santé des enfants, seront placés divers objets propres à leur servir de jeux. Sous la partie couverte, il y aura des bancs qu'on pourra ranger et relever à volonté.

Indépendamment de la partie couverte, il y aura, autant qu'il sera possible, près de la salle d'exercices, une autre salle spécialement destinée au repos et servant de chauffoir pendant l'hiver. Dans cette salle seront disposés des bancs fixes ou mobiles et des planches pouvant recevoir les paniers des enfants, les écuelles et ustensiles nécessaires. Quand on peut placer tous ces derniers objets dans un local séparé où on les prend et où on les range au besoin, c'est la disposition à préférer.

Les lieux d'aisances seront placés de telle sorte que la surveillance en soit très-facile.

Le mobilier nécessaire aux salles d'asile comprend : des rateliers pour suspendre les effets des enfants, des baquets ou jattes, des sébilles de bois ou des gobelets d'étain ou de ferblanc, des éponges et des serviettes, une fontaine, un poêle, deux lits de camp sans rideaux, une horloge, une clochette à main et une cloche suspendue ; un siflet ou signal pour les divers exercices ; des tableaux, des porte-tableaux et des touches, des ardoises et des crayons, un chevalet portant un tableau noir et de la craie, un boulier compteur ayant dix rangées de dix boules chacune ; un ou plusieurs cahiers et porte-feuilles d'images, un cadre ou porte-gravures pour placer l'image qu'on veut exposer aux regards des enfants ; une armoire, une chaise et une table-pupitre pour les besoins du surveillant.

Nous n'avons pas besoin de dire qu'à ces divers objets sont joints, dans toutes les salles d'asile, un Christ sur la croix et une figure de la Vierge, et dans le plus grand nombre, les bustes de l'Empereur et de l'Impératrice.

Quel que soit le nombre des enfants, il y a toujours, indépendamment du surveillant ou de la surveillante, une femme de service dans chaque salle d'asile. Si le nombre des enfants excède cent, outre la femme de service, il y a deux personnes préposées à la surveillance.

Les employés des salles d'asile ne doivent recevoir des familles aucune rétribution, aucun cadeau ni offrande. Cela va de soi, *à fortiori*, dans les salles d'asile sous la dépendance des usines. Dans les salles d'asile publiques, il existe un tronc dont la clef est confiée à la dame inspectrice de l'asile ; l'argent déposé est destiné à venir en aide aux enfants nécessiteux qui fréquentent l'asile. On comprend que dans les asiles libres, l'usage de ce tronc ne doive être qu'une exception.

Les salles et préaux doivent être balayés tous les matins, avant l'entrée des enfants.

Quand les enfants arrivent, le préposé à la surveillance doit les recevoir, faire sur chacun d'eux l'examen de propreté et visiter la qualité et la salubrité des aliments qu'ils apportent.

L'enfant amené dans un état de maladie ne doit pas être reçu. Tous les soins d'hygiène et de propreté nécessaires aux enfants doivent être immédiatement donnés par les surveillants et surveillantes.

Les mouvements des enfants et les jeux appropriés à leur âge seront dirigés et surveillés de manière à prévenir toutes disputes et tous accidents. Le sol du préau sera toujours garni d'une forte couche de sable. Les enfants ne doivent jamais être frappés ni subir de punitions trop rudes ou trop longues. Pour tous les cas d'indiscipline, d'absences non motivées, de maladies, d'imprévoyance de la part des parents, etc., le préposé à la surveillance doit référer à la dame inspectrice dans les salles d'asile publiques, et tout naturellement au propriétaire de l'établissement ou à son représentant, dans une salle d'asile libre dépendant d'une usine.

Il y a dans les salles d'asile trois sortes d'exercices, qui ont pour objet le développement physique, moral ou intellectuel des enfants.

Les exercices corporels consistent principalement dans des jeux variés et proportionnés à l'âge dès enfants et dans des mouvements auxquels donnent lieu les leçons de la classe.

Les exercices moraux se comprennent d'eux-mêmes ; ils tendent à inspirer aux enfants de bons sentiments envers Dieu, envers leurs parents et envers le monde. De courtes allocutions et de bonnes paroles, dites à propos, les dirigent aisément dans cette voie.

Les exercices d'enseignement sont renfermés dans les limites de l'instruction élémentaire, telle qu'elle est déterminée par les ordonnances du Conseil de l'instruction publique.

Nous ne nous étendrons pas sur tout ce qui touche aux questions détaillées des exercices, des devoirs des surveillants et surveillantes, des conditions d'examen et de réception de ces employés, etc. Toutes ces choses sont amplement expliquées dans les ouvrages spéciaux que nous avons indiqués, et le chef d'usine, fondateur d'une salle d'asile, ne manquera pas de s'entourer, à cet égard, de renseignements plus complets, quand, ayant ouvert l'asile qu'il aura créé, il aura fait choix de la personne qui doit le diriger.

Pour l'organisation de la salle d'asile dépendant de l'établissement hospitalier, fondé par les propriétaires des usines de Marquise, et dont la construction nous a été confiée, nous avons pris, comme guide, les considérations générales suivantes, qui pourront servir à compléter ce que nous avons dit et ce que nous aurions à dire encore sur la construction des salles d'asile.

L'expérience nous a fait voir que la salle d'asile des usines de Marquise, conçue en principe pour recevoir cent cinquante enfants, a pu en admettre jusqu'à deux cents, sans qu'il soit résulté de cette augmentation aucun embarras sérieux, se déduisant de l'insuffisance des constructions (1).

Le vestibule d'entrée est peut-être un peu petit, il a seulement 5 mètres de longueur sur 2,50 de largeur ; il serait mieux avec 5 mètres sur 3,50 à 4 mètres ; mais, comme plusieurs enfants sont amenés à l'asile par une même personne, et qu'il existe, d'ailleurs, deux autres entrées communiquant, l'une avec les préaux couverts, l'autre avec les préaux découverts, l'insuffisance de cette salle d'attente n'a pas été un inconvénient.

La classe a 10 mètres sur 9 mètres ; le préau convert 7 mètres sur 9 mètres.

La hauteur de ces deux salles est $5^m,60$. Toutes deux sont plan-

---

(1) Il est juste de dire qu'une salle d'asile qui a deux cents enfants inscrits n'est jamais au complet, par suite des absences qui ont pour cause la maladie, le mauvais temps, la négligence des parents, etc.

chéiées ; leurs murs sont recouverts de boiseries en lambris jusqu'à la hauteur de 1^m,25, pour que les enfants ne s'appuient par sur des parois humides. Les châssis de croisées sont placés à 1^m,45 du sol, et s'ouvrent, à charnières, du bas en haut, pour régler à volonté la circulation de l'air. Des stores en coutil permettent d'arrêter au besoin les rayons trop ardents du soleil.

Les gradins sont disposés dans le fond de la salle, les bancs sur les côtés, et le calorifère, qui chauffe à la fois la classe et le préau, est entouré d'un grillage en fer, empêchant les enfants de s'exposer à être brûlés en s'approchant de l'appareil.

Nous avons cru important de ne pas exagérer les dimensions de la classe, d'ailleurs, convenablement ventilée, afin de ne pas fatiguer la directrice, obligée de parler très-haut pour se faire bien entendre.

Quelques architectes admettent, comme règle absolue, la forme circulaire ou elliptique pour le fond de la classe et pour les gradins. Ils prétendent que cette disposition se prête mieux à l'acoustique, et que lorsqu'il y a du désordre dans une classe à forme rectangulaire ou carrée, on a remarqué que ce sont généralement les enfants placés dans les angles qui donnent l'exemple du tapage et de l'indiscipline. Sans insister sur ce que ces observations pourraient avoir de spécieux, nous nous bornerons à dire que la forme rectangulaire que nous avons adoptée et qui est la plus simple comme construction, partant la plus économique, nous paraît parfaitement suffire aux exigences les plus difficiles à l'endroit des inconvénients signalés.

Le préau découvert, divisé comme le préau couvert, en deux parties égales, a 17 mètres de longueur sur 10 mètres de largeur. Cet espace comprend une galerie couverte de 2^m,80 de largeur, sous laquelle sont placés des bancs adossés au mur, des bassins à courant d'eau pour la toilette des enfants, des planches et des rateliers pour porter les jouets et les provisions, et au fond des cabinets d'aisances séparés par des cloisons, s'avançant de 0,55 environ, isolées légèrement du sol et de la hauteur de 1 mètre. Ces cabinets, qui ont leur siége en bois de chêne de 0,33 de côté sur 0,18 à 0,20 de hauteur, sont fermés par des portes battantes de même hauteur que les cloisons. Le sol des cabinets est dallé et avec une pente pour faciliter l'écoulement des liquides et permettre de nettoyer, sans conserver la moindre odeur. Par les mêmes raisons, les lunettes sont disposées avec surfaces inclinées vers le milieu ; elles présentent, du reste, ainsi, un siége plus commode et plus propre pour les enfants.

Le préau découvert est sablé pour que les enfants ne se fassent pas de mal en tombant; le sol n'a pas permis de planter des arbres protégés à leur base contre les atteintes des enfants, et de disposer, ainsi qu'on l'a fait dans quelques asiles, un petit parterre garni de plantes simples pouvant servir à l'enseignement.

Sur la demande de la sœur chargée de la direction de l'asile, nous n'avons pas établi de lits de camp pour les enfants qui sont surpris par le sommeil, ni employé les barres suspendues qu'ont adoptées certaines salles d'asile, pour offrir aux enfants des récréations gymnastiques. Ces accessoires sont évidemment subordonnés aux moyens que trouvent les directrices d'amuser et d'intéresser les enfants, pour les tenir éveillés, en leur donnant tout l'exercice qui leur convient.

Les pièces annexes de la salle d'asile, cabinet de la directrice, parloir pour les visiteurs, etc., n'avaient pas, dans notre construction, de raison d'être établies particulièrement en vue de l'asile. Elles se trouvent naturellement faire partie de l'habitation des sœurs, habitation qui, avec la disposition de l'école des filles et l'installation pour les ouvriers malades ou blessés, complète l'ensemble de la construction.

Nous nous bornerons à faire remarquer que l'école des filles, divisée en deux classes, pour petites et grandes filles, et pourvue comme la salle d'asile, d'un vestibule d'attente, d'un préau couvert, et d'un préau découvert, sert tous les matins, de cinq heures et demie à sept heures, à l'école réglementaire des apprentis, et tous les soirs, de sept heures à huit heures, à l'enseignement libre, donné par l'instituteur attaché à l'usine, aux ouvriers adultes qui désirent acquérir quelques notions d'écriture, d'orthographe et de calcul. Ces dispositions qui pourraient avoir des inconvénients sans la bonne entente entre l'instituteur et les sœurs chargées de l'école des filles, n'ont d'avantages qu'en ce qu'elles centralisent toute la surveillance de l'enseignement donné aux ouvriers et à leurs enfants. Les classes des filles, qui commencent, d'ailleurs, à huit heures du matin pour finir à six heures du soir, ne permettent jamais ces rapprochements qu'on a raison de redouter dans les écoles mixtes.

L'ameublement d'une salle d'asile, comme celle des usines de Marquise, peut coûter environ 600 francs, à répartir comme suit :
Un meuble renfermant tout le matériel d'asile concentré dans un petit espace, servant à la fois de compteur et de pupitre démonstrateur (1) 240f 00

____

(1) MM. Dezobry, Madeleine et Cie, éditeurs d'ouvrages à l'usage des salles d'asile, fournissent ces meubles très-complets, à divers prix, avec orgue ou sans orgue, etc.

Un poêle ou calorifère muni de sa grille d'entourage. 60f 00
Huit porte-tableaux et leurs touches en bois. 40 00
Une table ou bureau pour la directrice. 15 00
Huit chaises pour la directrice et les visiteurs. 12 00
Une dizaine de manteaux à capuchon, en étoffe chaude,
    pour couvrir les enfants les plus pauvres, lorsque,
    dans l'hiver, ils ont un chemin assez long à parcourir. 80 00
Gobelets, éponges, serviettes, etc., pour les soins à
    donner aux enfants 40 00
Ardoises, crayons et menus objets pour l'enseignement 30 00
Divers objets à l'usage des personnes attachées à
    l'asile, siflet, claquoir, etc., jouets pour les récréa-
    tions, etc. 25 00
Manuel des salles d'asile, par J. Cochin. 6 00
Conseils sur les salles d'asile, par Mme Pape Char-
    pentier. 1 50
Chants pour les salles d'asile. 1 50
Registre matricule des inscriptions, 25 à 40 feuilles. . 5 à 7 50
Livre du médecin, 25 à 40 feuilles. . . . . 5 à 7 50
Registre d'inscriptions, 25 à 40 feuilles. . . . . 5 à 7 50
Registre des visiteurs, 25 à 40 feuilles. . . . . 2 50 à 4 00
Tableau des absents, planchette avec feuilles mobiles
    pour 180 enfants 6 00
Alphabet mural, 26 lettres 0,25/0,20, collés sur carton. 4 00
Chiffres arabes, 10 chiffres 0,25/0,20, collés sur carton. 1 20
Chiffres romains, 7 chiffres 0,25/0,20, collés sur carton. 1 00
Images variées, collection de 10 sujets en noir . . . . . 3 50 à 5 00
   —   —   —   de 10 sujets coloriés. . . . 7 00 à 10 00
Texte explicatif pour 20 images 1 00
Trente-deux tableaux syllabaires 0,50/0,20 avec Manuel
    comprenant la matière des trente-deux tableaux . . 3 75
Vingt tableaux de lecture facile 0,70/0,20. . . . . 3 50

Cette dépense ne comprenant pas les gradins, les bancs fixes,
les tablettes, les rateliers à champignons, et en général toutes les
choses accessoires posées à demeure et faisant partie de la construction proprement dite.

En ce qui concerne la construction, nous ne pouvons citer exactement un prix de revient ; cela dépend du choix des matériaux et
de leur valeur, aussi bien que du taux de la main-d'œuvre dans
les lieux où l'on construit. Il sera facile néanmoins de se rendre
compte de la dépense approximative de la salle d'asile, en examinant la dépense totale entraînée par la construction de l'établissement complet que nous avons fait établir suivant nos dessins.

Main-d'œuvre.

Maçonnerie faite à la journée pour fondations, caves, murs, etc.,
les épaisseurs ayant en moyenne 0,50 = environ 900 mètres
carrés, à 2^f,50 le mètre carré . . . . 2,250^f 00
Maçonnerie à la journée pour ouvrages divers. 600 00
Maçonnerie aux pièces, 1,553^{mq},08 à 0^f,70, asile, écoles
et annexes 1,087 15
Maçonnerie aux pièces, 499^{mq},15 à 0^f,825, pavillon cen-
tral. 409 79
Manœuvres divers pour fabrication de mortier, etc. . 512 25
Façon de couverture en pannes flamandes 557^{mq},80, à
0^f,40. . . . . 278 96
Façon de carrelage 390^{m2},77 à 0^f,50 . . . . 195 38
Façon de plafonds en mortier et chaux blanche
899^{m2},88 à 0^f,31 . . . . 278 80
Menuiserie aux pièces et à la journée 2,100 00
Charpente, planchers aux pièces et à la journée . . . 895 55
Forgerons, serruriers, ajusteurs aux pièces et à la
journée 860 95
Peintres et vitriers aux pièces et à la journée 502 85
Manœuvres pour fondations, terrassements et ouvrages
divers 834 82
Transport de moellons, pierres, briques et mortier . 1,481 05
Taille de pierres, briques et moellons 325 00
Percement d'un puits à 32 mètres de profondeur . . . 414 00

Total des frais de main-d'œuvre. . . . 13,026 55

Fournitures diverses.

1,217^{m3},80 moellons provenant des carrières de l'u-
sine, à 0^f,40 le m^3 pour extraction seulement. . . . . 487^f 10
118,200 briques rouges ordinaires . . . .)
8,400   —   — demi-rondes pour cor- } 2,278 80
niches, à 18 fr. le 1,000. . . . .)
600 hectolitres chaux ordinaire, faite à l'usine,
à 0^f,60 l'hectolitre. 360 00
192 hectolitres chaux hydraulique, faite à l'u-
sine, à 1^f,25 l'hectolitre 240 00
26 hectolitres chaux blanche pour plafond,
à 1^f,20 l'hectolitre 31 20

A reporter. . . . . 3,397^f 10

| | *Report* . . . . | 3,397^f 10 |

80 m³ sable pour mortier. Ce sable, provenant des déchets de la fonderie, est indiqué seulement pour mémoire . . . .   » »

22,425 pannes flamandes pour couverture, à 28 fr. le 1,000 . . . .   627 90

400 tuiles plates pour revêtement, à 18 fr. le 1,000 . . . .   72 00

560 capes et arêtiers pour faîtages, à 0^f,22 l'un. 123 20

6,00 carreaux rouges ordinaires, à 30 fr. le 1,000 . . . .   180 00

12,650 kilogrammes ciment Portland, de Boulogne, à 65 fr. les 1,000 kilog 822 25

1,296 carreaux de dallage en pierre de Marquise, à 30 fr. le 100 . . . .   388 80

39^m,70 marches en pierre stinkalt, 0,38 larg. moyenne, 0,19 épaiss. moyenne, à 3 fr. le mètre courant 119 10

70^m,50 seuils et tablettes en pierre stinkalt, à prix divers. 253 40

90^m,56 châssis et pierres de recouvrement d'égout à prix divers. 294 32

18 angles de corniche en pierre de Marquise, à 2^f,75 l'un. 49 50

8 têtes de pilastres en pierres de Marquise, à 1^f,55 l'une. 12 40

11 encadrements unis pour croisées 77 00

1 encadrement de la porte principale . . .   7 40

2 encadrements de soupiraux, à 2^f,50. . .   5 00

1 encadrement de porte de cave. 3 50

140 bottes de lattes à plafond, à 1 fr. l'une. .   140 00

Clous à lattes. 6 80

3 cheminées en marbre stinkalt avec garniture à carreaux en faïence. 101 90

7,963^k fontes diverses, à 30 fr. les cent kilog.   2,388 90

1,600^k fers divers, 50 fr. les cent kilog 800 00

380^k zinc nº 14 pour couverture, à 0^f,80. . .   304 00

70^k plomb laminé de 2 millim., à 0^f,70 . . .   49 00

15^{m3},53 bois de charpente en sapin rouge du nord, à 50 fr. le ^{m5} 776 50

A reporter. . . . .   10,999^f 97

Report	10,999ᶠ 97
2,832ᵐ chevrons en sapin rouge, à 0ᶠ,20 le mètre courant	666 50
3,456ᵐ reilles en sapin rouge pour attacher les pannes, à 5ᶠ,50 les cent mètres.	190 08
Bois durs divers pour seuils, dessus de porte, etc.	300 00
111ᵐ2 bois de sapin rouge pour planchers en demi-planches, à 34 fr	377 40
114ᵐ2 bois de sapin rouge pour planchers en planches entières, à 30 fr.	342 00
Bois divers, chêne, sapin rouge et sapin blanc, employés pour les travaux de menuiserie	904 30
Serrurerie et ferronnerie	510 05
Vitrerie, peinture et papiers	535 00
Une horloge et accessoires, mise en place comprise.	1,212 15
Une pompe de puits et accessoires, mise en place comprise	909 60
Dépenses et objets divers non détaillés, environ . .	600 00
Total des fournitures.	17,547 05

On peut admettre que la construction complète a coûté 32,000 fr., à quoi il convient d'ajouter les dépenses d'installation de la salle d'asile et de l'école des filles, les dépenses d'ameublement de la salle des malades et de l'habitation des sœurs, les frais pour approvisionnements de la pharmacie et pour les divers besoins des malades, les frais de plantation dans les cours et dans le jardin des sœurs, etc. ; toutes dépenses qui peuvent faire ressortir la création de l'établissement hospitalier de Marquise pour une somme totale de 45,000 fr. environ.

En comptant dix pour cent de cette somme pour intérêts du capital, entretien et amortissement de l'immeuble, et en ajoutant les dépenses nécessitées pour les besoins des diverses parties de l'établissement, les émoluments des sœurs et ceux de l'instituteur, le traitement des médecins chargés du service de la salle des malades et de la visite des malades au dehors, les faux frais divers de toute nature, on arrive à trouver que moyennant un sacrifice de 12,000 fr. environ par année, les propriétaires des usines de Marquise assurent aux dix-huit cents ou deux mille ouvriers qu'ils occupent, l'instruction pour eux et pour leurs enfants et les soins les plus complets en cas d'accidents ou de maladie. C'est une dépense moyenne annuelle de 6 à 7 fr. par ouvrier ; et, en admettant que certaines usines ne voudraient et ne pourraient pas prendre cette dépense à leur charge, elles comprendront sans peine qu'avec une très-faible rétribution, imposée tous les mois à chaque travailleur, il leur serait facile d'atteindre les mêmes résultats, sans autre charge que le capital à consacrer aux frais de premier établissement. L'établissement hospitalier de Marquise est administré, sous la direction des fondateurs, par cinq sœurs de la communauté de Saint-Paul de Chartres.

Une des sœurs, faisant fonction de supérieure, est chargée de la direction de la maison et des soins à donner aux malades. C'est elle qui va visiter les malades au dehors et qui a le soin de porter des secours aux familles pauvres.

Une autre sœur est chargée de la pharmacie, de la salle des malades et des soins de l'intérieur.

Une troisième sœur a la direction de la salle d'asile où elle est aidée par une femme de charge.

Enfin, les deux autres sœurs sont chargées des écoles des filles.

Une moyenne de 150 à 180 enfants fréquente l'asile. Les écoles des filles recoivent 120 à 140 filles de huit à quatorze ans.

L'école des apprentis, divisée en deux brigades qui vont en classe, de deux jours l'un, compte environ 200 élèves.

La salle des malades contient seulement six lits pour les ouvriers garçons.

Les ouvriers mariés sont soignés à domicile. Un des médecins attachés à l'usine vient deux fois par semaine à l'hospice donner des consultations, d'après lesquelles tous les médicaments nécessaires sont délivrés gratuitement aux malades.

Il suffit qu'un ouvrier fasse partie des usines de Marquise pour qu'il ait droit, sans la moindre rétribution, aux secours de toute nature, délivrés par l'hospice. Tout est supporté par la caisse de l'établissement et il n'est besoin ni de caisse de secours, ni de sociétés mutuelles, ni d'aucune association entre ouvriers, ayant pour but de faire soigner les malades et d'aider les convalescents. Toutefois, nous le répétons, comme il n'est pas au pouvoir de tous les chefs d'industrie d'user de moyens aussi larges et aussi généreux que ceux mis en œuvre à Marquise, rien n'empêche d'adopter une combinaison quelconque qui permette, pour les grandes usines, une organisation analogue à celle que nous citons.

C'est surtout dans le désir d'amener des créations semblables que nous avons été entraîné, en parlant des salles d'asile, à citer l'établissement complet créé à Marquise et à en donner quelques détails, pouvant, par aperçu, fournir les renseignements les plus nécessaires pour la construction et pour l'installation d'un pareil établissement.

L'établissement hospitalier, dont nous parlons, a été inauguré en août 1855. Le principal fondateur des usines de Marquise, M. Léon Pinart, un de ces hommes au cœur d'or, qui font les philantrophes, et qui, sous des dehors simples et modestes, savent comprendre les grandes choses et surtout les choses utiles, M. Léon Pinart reconnaissant des services par moi rendus aux usines de Marquise, voulut bien me charger de présider la première distribution des prix aux enfants des écoles et de l'asile.

Cinq ans plus tard, alors que cet excellent homme abandonnant le milieu qu'il avait su développer au sein d'une prospérité qui fut son œuvre, partit au loin chercher la santé qu'il ne devait plus retrouver, je fus de nouveau appelé à présider, à sa place, la même petite fête de famille.

Dans cette double circonstance, je crus devoir adresser aux enfants les allocutions que je reproduis ici.

Je n'ai pas la prétention de donner ces allocutions comme des modèles du genre, je n'ai pas l'envie de les citer comme des types de style ou d'éloquence. Mais, ce qui me décide à les mettre à la suite de ma notice sur les salles d'asile, c'est le désir de laisser ici un souvenir au chef d'usine qui, pendant douze ans que j'eus l'honneur d'être à la tête des travaux des fonderies de Marquise, montra toujours une pleine confiance en mes actions et voulut bien me conserver une affection que je ne saurais oublier.

Mes allocutions auront encore un autre sens, dans cette brochure où je rassemble mes divers travaux sur l'économie et l'instruction industrielles. On y verra que les œuvres pour la moralisation et l'enseignement des classes ouvrières savent toujours réussir et atteindre leur but, quand, sagement conçues, paternellement conduites et judicieusement dirigées, elles trouvent les résultats que j'ai constatés à Marquise.

On y verra encore, ce que je m'attacherai un jour à faire ressortir davantage, si j'aborde, dans mes études, la question d'instruction professionnelle, en ce qui concerne les femmes, que la sauve-garde de l'avenir, pour les classes travailleuses, repose presqu'entière sur les mérites de la femme de l'ouvrier.

Celle-ci est le pivot essentiel sur lequel reposent l'aisance du ménage, l'ordre de l'intérieur, les joies et la santé de la famille.

C'est par la femme qu'il faut moraliser et dominer l'ouvrier; c'est par la femme qu'il faut attacher au foyer une puissance d'attraction qui séduise, entraine, fixe le travailleur; c'est par la femme qu'il faut amener l'ordre et l'économie qui font l'aisance, le soin et la propreté qui font la santé, la religion et la morale qui font le bonheur.

Tout cela est admis de longtemps, par tous les bons esprits que préoccupent les questions sociales; tout cela a été dit avant nous et se dira encore après. Nous nous bornons à le rappeler pour expliquer et justifier la place, peut-être superflue, que prennent ici les deux pièces qui suivent :

28 août 1855.

MES ENFANTS,

Je n'ai pas besoin de vous dire combien je suis flatté d'avoir été appelé à présider la solennité qui nous rassemble aujourd'hui.

La mission, dont je suis chargé, est à la fois un honneur, un plaisir et un bonheur pour moi.

Un honneur, parce que dans cette mission, je vois une preuve nouvelle de la confiance que les chefs des usines de Marquise (1) voulurent bien m'accorder.

Un plaisir, parce que je n'aurais pu éprouver de satisfaction plus vive et plus sincère que celle de vous distribuer des couronnes si bien méritées.

_____

(1) M. A. Pinart, aujourd'hui député au Corps législatif, et M. J. Caillot, ancien capitaine du génie, l'un frère, l'autre neveu de M. Léon Pinart et copropriétaires des usines de Marquise.

Un bonheur, parce que je suis vraiment heureux d'être l'interprète de MM. Pinart, en cette occasion, pour vous féliciter d'avoir, en si peu de temps, accompli d'incontestables progrès et réalisé les espérances que les bonnes sœurs qui vous dirigent avec tant de zèle et de dévouement, avaient conçues en se chargeant de vous instruire.

Oui, je suis heureux de vous le dire, et je ne suis que l'écho fidèle de toutes les personnes qui m'entourent, combien déjà, vous vous êtes tranformées, combien même se sont modifiées, autour de vous, les habitudes de ceux qui vous touchent, sur lesquels les bons exemples et les bons avis ont rayonné, depuis qu'une paternelle générosité a fondé cette maison, depuis que la sollicitude de vos chers bienfaiteurs, comme vous le dites si bien, a conduit parmi vous, les bonnes sœurs qui vous ont apporté, avec les bienfaits de l'instruction, le modèle d'une vie laborieuse, bien remplie, pleine d'enseignements fertiles.

Avant la création de l'école où vous puisez aujourd'hui les éléments d'une instruction simple et solide, comme il convient à des filles d'ouvriers, les enseignements d'une morale saine et pure, comme il convient à des filles chrétiennes, que faisiez-vous ?

La plupart d'entre vous livrées à elles mêmes, ne fréquentaient pas les écoles communales, vivaient en désœuvrées et étaient pour leurs parents, une gêne, un embarras, une charge, plutôt qu'un appui utile, qu'un aide actif et dévoué.

Aujourd'hui, déjà, vous êtes devenues plus soigneuses, plus rangées ; vous savez ce que c'est que l'ordre, vous vous rendez utiles à vos mères. De toutes grandes filles qui, parmi vous, savaient à peine tenir une aiguille, sont maintenant capables de mettre à exécution ces modestes et utiles travaux de couture qui recommandent la bonne femme de ménage.

Savoir aider sa mère, la soulager dans les soins de sa maison, lui rendre ces mille petits services d'ordre, de propreté, de surveillance, de travail qui sont si nécessaires dans tous les ménages et si indispensables dans les familles d'ouvriers ; se mettre en état de remplacer la maîtresse de la maison si la Providence enlevait ses soins à vos vieux parents, à votre père, à vos frères, à vos sœurs en bas âge, travailler pour devenir un jour la femme d'un honnête ouvrier, la mère d'une famille bien élevée. C'est là, mes enfants, le but que vous devez chercher à atteindre, le but vers lequel vous arriverez sûrement si vous persistez dans la bonne voie où vous êtes entrées, si vous suivez avec exactitude les leçons qui vous sont données, si vous savez préférer à des occupations futiles, à des distractions dangereuses, les enseignements simples, mais solides, les récréations modestes, mais morales, que nos bonnes sœurs savent vous offrir.

Vous êtes toutes destinées, je l'espère avec vous, à devenir un jour épouses et mères de famille. Rappelez-vous bien ce que je viens vous dire aujourd'hui, répétez-vous souvent que dans la famille de l'ouvrier, la femme occupe une grande place, que c'est d'elle que viennent, aux bons temps, l'économie, l'aisance, les ressources dans l'avenir, quand doivent arriver l'âge et la maladie, que c'est à elle, quand l'adversité se montre, qu'il faut demander des leçons de travail, de patience, de résignation et de courage.

Toutes les fois, mes enfants, je pourrais vous citer des exemples malheureusement trop rares, que la femme de l'ouvrier montre de la sagesse, de l'ordre, de l'économie, elle est la Providence de la maison. Elle soutient son mari et le guide dans la voie si belle de l'honneur et du devoir ; elle le ramène, parce qu'elle a sa confiance, s'il tend à s'égarer.

Elle élève ses enfants dans des sentiments de travail, de probité et de religion, qui en font un jour d'honnêtes gens, acceptant courageusement leur tâche, remarquables par leur attachement aux lois divines et humaines, fidèles aux principes de l'autorité sans laquelle il n'est point de nation possible.

L'école que vous suivez aujourd'hui, vous assure tout cela. Et ce bienfait seul doit suffire pour expliquer votre reconnaissance.

Plaise à Dieu que partout où il y a des populations ouvrières, il se trouve des chefs d'usine, comme les vôtres, comprenant tout le bien que peut produire un établissement semblable à celui où nous nous trouvons réunis en ce moment.

Si l'école des filles, vous prodigue, mes enfants, ses enseignements sur les bancs de vos classes, ses bons exemples et sa surveillance au dehors, vous avez près de vous, la salle d'asile qui prépare vos frères, vos sœurs, et verse dans leurs jeunes cœurs les principes qui font un jour les hommes honnêtes, laborieux et utiles, les femmes modestes et sages dont je vous traçais le portrait tout à l'heure.

Nous avons tous vu ces jeunes enfants, il y a un an à peine, disséminés autour de nous, le plus souvent causes d'embarras et de fatigues pour leurs mères obligées de les abandonner trop souvent, arriver à la salle d'asile, bruyants, indisciplinés, le plus grand nombre laissant à désirer sous le rapport des soins et de la propreté. Nous les revoyons aujourd'hui calmes et paisibles, frais et dispos, obéissant au moindre signe de leur excellente institutrice, rompus, en un mot, à tous les exercices de la salle d'asile, comme si, depuis dix ans, cette institution, encore nouvelle pour nous, n'avait cessé de fonctionner et de porter ses fruits.

A côté de ces deux créations si éminemment bienfaisantes pour vous tous et pour vos familles, voyez ce qu'a fait encore la charité protectrice de vos chefs.

Un hospice confié aux soins des bonnes sœurs dont vous ne sauriez trop reconnaître le dévouement, reçoit vos pères et vos frères malades ou blessés, offre aux pauvres, aux infirmes, aux faibles, des ressources d'alimentation qu'ils ne trouveraient pas chez eux, permet de porter à ceux des ouvriers que la maladie retient au logis des soins précieux, et de leur distribuer les médicaments qui leur sont utiles.

Voilà ce que vous pouvez voir et apprécier, mes enfants, sans compter tout ce qui se fait pour vous et les vôtres en dehors de cet établissement, sans parler de ces secours répandus avec tant d'à-propos et de charité pendant les années d'épreuve que nous venons de traverser, la misère et la maladie à nos portes. . . . . . .

. . . .

. . . .

22 août 1860.

Mes enfants,

Il y a cinq ans, à pareille époque, la confiance affectueuse de M. Léon Pinart m'invitait à présider la même fête de famille que celle qui nous réunit aujourd'hui.

J'étais appelé à vous distribuer les premières couronnes réservées à votre zèle et à vos travaux.

Heureux d'être, en cette circonstance, dont le souvenir m'est resté bien cher, l'interprète des sentiments bienveillants des fondateurs de cette maison, j'envisageais dans l'avenir tout le bien que vous ressentiriez un jour d'une œuvre qui devait être si utile à vous et à vos familles, d'une institution, dont les premiers débuts avaient été si fructueux et si vivement sentis.

Je vous voyais déjà recueillant les avantages inappréciables d'une direction nouvelle appuyée sur le dévouement et l'affection que vous apportaient nos bonnes sœurs.

Je pressentais à l'avance la révolution qui devait s'opérer dans vos travaux et dans vos habitudes, et je ne doutais pas de voir se développer chez vous l'esprit d'activité, de discipline et d'obéissance qui vous était si nécessaire.

Chacun de nous remarque avec une satisfaction bien grande que je me félicite d'avoir à vous exprimer, combien vous avez gagné sous ce rapport.

Soit qu'on vienne vous visiter dans vos classes, soit qu'on assiste à vos jeux, qu'on vous voie auprès de vos parents, qu'on vous suive à l'église où la piété vous conduit, partout vous avez fait des progrès, partout vous avez bien mérité de vos bienfaiteurs et de vos institutrices, partout on reconnaît que vous avez fait de grands et sérieux efforts pour répondre à la sollicitude et aux bons soins dont vous êtes l'objet.

Quand jadis, on rencontrait aux environs de l'usine, des jeunes filles et des enfants, on n'éprouvait pas comme aujourd'hui la douce et saisissante impression de les voir honnêtes, décents, modestes, propres, ainsi que pour la plupart, mes enfants, vous ont faites les bonnes sœurs qui vous dirigent.

Pour ma part, quand, dans mes promenades du soir ou du dimanche, je rencontre sur mon passage de jeunes enfants bien élevés, empressés à se montrer sages et polis, je me dis toujours avec une intérieure satisfaction : c'est un des bons petits enfants de l'asile, c'est un des élèves de nos bonnes sœurs.

Quand je remarque des jeunes filles enjouées sans effronterie, propres sans coquetterie, modestes, honnêtes et décentes, en un mot, quand j'entends des chants où ne respirent que des paroles simples et dignes, je me dis encore : c'est une des jeunes filles élevées à l'école de l'usine, c'est un de nos enfants d'adoption, c'est une de celles qui préfèrent les amusements paisibles, et moraux offerts par nos sœurs, aux plaisirs si dangereux et si perfides que donnent la danse et la fréquentation des mauvaises sociétés.

Vous avez donc beaucoup gagné, c'est incontestable, à la création des écoles et de la salle d'asile. Et chaque année vous gagnerez encore.

En grandissant, vous apporterez dans vos familles l'exemple de l'ordre, de l'économie, du travail, de la conduite. Vous formerez une génération nouvelle qui sera digne d'être citée comme modèle, qui, trouvant de puissants gages de bonheur dans la satisfaction des devoirs accomplis, viendra en aide à ses vieux parents, leur mettra à toute heure sous les yeux de bons exemples et ne leur laissera jamais regretter le temps où ils auront pris dans votre plus cher intérêt, la sage résolution de vous envoyer à l'école et à l'asile.

A votre âge, où pouvez-vous être mieux, en effet, qu'auprès de vos dignes maîtresses qui vous entourent de tant de soins, et qui, tout en vous instruisant, vous forment avec tant de zèle, à la morale et à la vertu.

Plaise à Dieu que vos parents comprennent de plus en plus, tous les avantages que vous retirez des écoles et qu'ils soient les premiers à vous y conduire et à vous encourager à y bien travailler.

Ils vous rendront ainsi un service bien grand, source de bonheur et de paix, bien profitable et bien consolante pour eux comme pour vous.

Quand un enfant docile et attentif a profité des leçons de l'asile et de l'école, quand il a recueilli avec ces leçons si simples, mais si fécondes, la semence des sentiments religieux, de l'amour du bien, de l'obéissance et de l'affection pour ses parents, du respect et de l'honnêteté envers tout le monde, il est rare qu'il ne lui reste pas quelque chose de tout cela, quoi qu'il puisse attendre dans la vie.

Tôt ou tard, il vient un jour où il se félicite d'avoir puisé de bons principes et d'avoir su les conserver dans son cœur, au moment des ennuis et des tristesses de l'existence, au moment des épreuves si nombreuses qui nous attendent tous, au moment dernier où nous devons aller, les uns et les autres, auprès de celui qui créa toutes choses, rendre compte de nos actions bonnes ou mauvaises, et peser dans sa redoutable et juste balance le fardeau de nos fautes, fardeau bien lourd auquel une conduite honorable, des mœurs pures et la pratique des vertus humaines ne sont trop souvent qu'un bien faible contre-poids.

Persévérez donc, mes enfants, dans la voie qui vous est tracée où il vous est facile de trouver un lot de bonheur d'autant plus favorable que vous aurez plus travaillé pour le gagner.

Tous, tant que nous sommes, nous avons à remplir notre tâche en ce monde. Ne pensez jamais que ceux qui sont au-dessus de vous par la fortune et par la position sont plus heureux que vous. Les peines et les obligations de la vie nous sont données à tous, en raison des moyens que nous avons de les supporter. De même, les plaisirs doivent être, pour nous, d'accord avec nos devoirs, d'accord avec la situation que, les uns et les autres, nous sommes appelés à prendre.

Et, ce n'est pas, croyez-moi, dans les positions les plus humbles que se trouvent les moindres satisfactions. Si vous avez des devoirs à remplir, devoirs d'obéissance, de travail, d'affection et de dévouement pour les vôtres et pour tous, vous trouvez déjà dans l'accomplissement de ces devoirs, un plaisir certain que ne vous apporteraient ni les bals, ni la débauche, ni la fréquentation des connaissances pernicieuses.

La prière, la lecture, les travaux d'aiguille qui reposent des fatigues du ménage, la promenade ou la récréation en société de personnes sages et honnêtes, plus tard, l'amour et les joies de la famille, quand de jeunes filles, vous deviendrez femmes, tout cela ne vous apporte-t-il pas des distractions plus agréables, des joies plus pures que les plaisirs trompeurs que je viens de vous citer et que vont chercher avec une ardeur déplorable les cœurs dégradés, les esprits corrompus.

Filles ou femmes d'ouvriers, répétez-vous donc sans cesse que dans votre sort modeste, tout de travail et d'activité, s'il est des chagrins et des tracas que vous ne pouvez éviter, vous avez, grâce à votre vie calme et simple, bien des douceurs, bien des bonheurs que n'ont pas toujours les riches qu'on appelle, trop souvent par erreur, les heureux de ce monde.

Dites-vous encore, qu'en regardant au-dessous de vous, vous trouverez des êtres plus malheureux que vous. Et, si vous avez su conserver la pratique des vertus, l'amour du bien, l'habitude du travail, vous ne manquerez pas d'éprouver de grandes consolations à tous les moments de la vie. Ne regrettant jamais de vous être assises un jour sur les bancs de l'asile ou de l'école, vous atteindrez ainsi le terme de votre carrière, en vous réjouissant d'avoir su rencontrer autant de félicité qu'il est possible à chacun de nous d'en obtenir ici-bas.

USINES IMPÉRIALES D'INDRET [1]

En descendant la Loire de Nantes à Paimbœuf, à environ dix kilomètres de la première de ces deux villes et sur la rive gauche du fleuve, l'attention du voyageur est attirée par le coup d'œil remarquable que présentent les usines d'Indret, bâties sur un rocher d'une surface étendue et régulière que baigne l'eau de tous côtés, mais qui est assez élevée pour ne pas redouter l'influence des plus hautes marées.

La situation de ces usines est merveilleusement choisie et quand on a vu les grands établissements métallurgiques de nos jours perdus au milieu de contrées arides, où l'industrie, luttant contre la nature, a absorbé celle-ci pour lui imprimer le cachet d'une puissante individualité, quand on a vu les grandes fournaises du Creuzot, d'Anzin, de Marquise, de Décazeville, ce foyer immense que les paysans Aveyronnais appellent poétiquement le *soupirail de l'enfer*, on se sent reposé et tranquille à l'aspect des nombreux

(1) Cette notice a été publiée en 1847. Elle était alors précédée et accompagnée d'observations critiques que nous déclinons aujourd'hui, soit parce qu'elles n'ont plus la même portée, soit parce que le but que nous cherchons n'est plus le même.

S'il y a dans notre pensée, un peu le désir de joindre ici à des travaux plus récents, une étude déjà ancienne que nous cherchons à tirer de l'oubli, il y a, surtout, la volonté de décrire une usine importante, établissement de l'État, qui a pu en d'autres temps, sinon depuis quelques années, coûter à la marine des sommes énormes et qui, par sa situation, son outillage, ses ressources, par la nature de ses travaux, par son action, en dehors de celle des arsenaux proprement dits, tels qu'on les comprend à Toulon, Cherbourg, Rochefort, Lorient, etc., peut être appelée à devenir une excellente école d'application et à présenter une arène bien préparée dans laquelle pourraient s'exercer, au grand profit de l'enseignement industriel et de l'industrie nationale, les élèves des Écoles d'arts et métiers et même ceux des écoles professionnelles d'un ordre supérieur.

ateliers d'Indret, rangés sur le bord de la Loire où ils se mirent complaisamment, à l'aspect de ces hautes cheminées dont la base est cachée par les murs d'enceinte et qui semblent sortir de l'eau, en présence enfin, du pittoresque voisinage qu'on devait choisir tout exprès pour encadrer l'usine.

En face d'Indret, le village de Basse-Indre déroule coquettement sur la rive ses nombreuses et blanches maison aux toits éclatants. La forge anglaise de MM. Riant et Langlois, bâtie sur de larges proportions, couronne heureusement cette partie déjà si remarquable des bords de la Loire.

Malgré le voisinage d'Indret où la plupart des éléments sont aujourd'hui étrangers au pays, la Basse-Indre a conservé pendant des années ses habitudes traditionnelles greffées sur les vieilles coutumes religieuses de la Bretagne.

Chaque année, aux approches de Noël, les jeunes gars et les jeunes filles de village se réunissent et décorent à frais communs, grâce à quelques charrettes et à un nombre illimité de futailles recouvertes de planches, une vaste grange qui prend bientôt la forme d'un théâtre sur les bancs duquel le public de l'endroit et des environs vient se presser chaque soir. C'est là que l'on joue, durant quinze jours au moins, une œuvre immense, où les vers courent au hasard, sans aucun souci de la rime et de la cadence, et où chaque strophe est chantée sur un air particulier, à la manière de ces fameux pots-pourris qui firent si longtemps les délices de nos pères.

Cette *tragédie,* pour nous servir du nom pompeux dont l'ont baptisée ses interprètes ordinaires, cette *tragédie* qui remonte, sans doute, aux mystères représentés vers le quinzième siècle et qui furent en quelque sorte le berceau du théâtre en France, n'est autre qu'une de ces pastorales où l'on mettait successivement en scène l'Annonciation, la Naissance du Sauveur, l'Arrivée des rois Mages et celle des bergers, puis, enfin, la Défaite de l'esprit malin succombant sous les coups de l'archange Michel.

Heureuse *tragédie,* jamais les spectateurs ne lui ont fait défaut, jamais un sifflet malhonnête n'est venu troubler les acteurs, jamais la censure ne s'est permis d'altérer ses longues tirades où la langue seule est offensée, jamais l'indisposition d'un artiste n'a arrêté son cours. Et, si de tout temps, qu'on en convienne avec nous, on dut juger la valeur d'une œuvre dramatique par le nombre de ses représentations et suivant la force et la quantité des applaudissements, sans contredit celle-là peut se glorifier d'un succès que n'atteindront jamais bien des œuvres modernes.

Au reste, ces anciennes traditions qui ont survécu et qu'on

conserve encore à la Basse-Indre (1) ne sont pas les seules qui se rattachent à ce lieu, dont l'origine riche en souvenirs historiques remonte aux temps les plus reculés. Au VIIIe siècle, dit M. le docteur Guépin, dans son ouvrage intitulé : *Voyage de Nantes à la mer*, l'évêque de Nantes, saint Pasquier, voulant réformer par de bons exemples, les mœurs de son clergé, fit venir des bénédictins de l'abbaye de Fontenelle que dirigeait alors saint Lambert. Ces moines arrivèrent à Nantes, sous la conduite de saint Hermeland, Herbland ou Herblain, et s'établirent sur une île de la Loire, portant le nom d'*Antricina*, d'où l'on a tiré successivement *Aindre* et *Aindrette*, puis *Indre* et *Indret*, en altérant l'orthographe étymologique, conservée presque jusque dans le siècle dernier par l'abbé Travers. La direction de saint Herblain ayant fait prospérer l'abbaye d'Indre, ce monastère devint célèbre et donna naissance à trois abbayes du même ordre, l'une en Aquitaine et les deux autres en Normandie. Sur la fin de ses jours, l'abbé saint Herblain abdiqua pour se retirer dans un oratoire situé à l'orient de son monastère ; c'est là qu'il mourut vers l'an 720.

En 843, l'abbaye d'Indre fut pillée par les Normands et les moines furent massacrés à Nantes où ils s'étaient réfugiés. Sur les ruines du monastère, on éleva, depuis, un prieuré près duquel, en 1005, Budic, comte de Nantes, fit construire un château. Le temps qui n'a pas respecté le couvent des Bénédictins, a fait disparaître les ruines du château et du prieuré, bien qu'on prétende en retrouver quelques restes auprès du calvaire que l'on remarque sur le sommet de la colline. Ce fut pourtant dans la chapelle du château d'Indre que furent célébrés, en 1026, les noces d'Alain Caignard, comte de Cornouailles, et de Judith, fille de Judicaël, comte de Nantes.

Vers 1597, le château d'Indret fut restauré par les ordres du duc de Mercœur, qui vint l'occuper, et fut sur le point d'y être enlevé par les partisans d'Henri IV, qui pourchassaient les ligueurs. Soixante ans après, Anne d'Autriche donnait l'île et le château d'Indret à l'illustre marin Duquesne, pour le dédommager des sommes que lui avaient coûté l'armement considérable de l'escadre avec laquelle il battit, à l'embouchure de la Gironde, les flottes anglaise et espagnole, et fit évacuer Bordeaux alors occupé par les troupes du prince de Condé.

Les ouvriers d'Indret qui ne sont pas logés dans l'île, ont fait élection de domicile, partie au village de la Basse-Indre, partie dans les hameaux de la montagne qui domine la gauche des usines

______

(1) A l'époque où nous écrivions ceci, du moins.

et dont elle est, pour ainsi dire, le dernier plan. Rien n'est d'un effet plus pittoresque que cette montagne, vue en été, au moment où les grands arbres viennent encadrer de leur verdure les habitations d'ouvriers, dispersées çà et là, partout où l'on a pu disposer des accidents du terrain. L'ancienne demeure de la Hibaudière, dont l'une des faces est parallèle à la Loire et dont les hôtes jouissent d'un panorama immense et magnifique, se dresse sur la crête de la colline, dont elle brise agréablement la ligne droite qui sert de bornes à l'horizon d'Indret.

La Hibaudière ou le château d'Aux, comme on l'appelle encore, a laissé une courte mais triste apparition dans l'histoire, au siècle dernier. On se rappelle avec regret que cette demeure fut choisie, en 1793, par le conventionnel Carrier, pour un de ces infâmes dépôts, d'où chaque jour de nombreuses victimes étaient extraites et conduites aux bateaux à soupapes qui donnèrent tant de proies à la Loire.

Les usines d'Indret sont dépendantes de la commune d'Indre, dont elles sont séparées par le fleuve qui a plus de cinq cents mètres de largeur en cet endroit.

La surface de l'île qui présente environ deux mille mètres de longueur sur cinq cents mètres de largeur est coupée de l'est à l'ouest par deux petits bras de la Loire, qui viennent rejoindre un peu au-dessous de la Basse-Indre, l'artère principale de la rivière. L'espace compris entre ces deux bras, formait anciennement le chenal de la Loire, lequel se trouve maintenant situé au nord d'Indret.

Les constructions de l'île se composent principalement du château habité par les employés supérieurs de l'administration, de deux longues rues où sont situés les logements d'une partie des chefs d'ateliers, contre-maîtres et ouvriers, et des ateliers, magasins et bâtiments de service qui occupent, à eux seuls, plus des deux tiers de la surface de l'île.

Après la mort de M. Gengembre, le premier directeur de l'usine, et le départ de M. Legrix qui quitta Indret, lorsque les chantiers de construction furent supprimés, l'administration de la marine fit augmenter considérablement les habitations d'ouvriers et fit construire dans l'île une église, un presbytère et des écoles.

La seule chose qui soit restée pour attester l'époque à laquelle l'île d'Indret a été habitée dans l'origine, est le château dont l'ensemble n'offre rien de remarquable et dont les tourelles d'un style bâtard doivent remonter à la fin du xve siècle. Nous ne devons pourtant pas négliger de parler de l'ancien hermitage, dont les ruines subsistent encore à la pointe de l'île. Cette vieille retraite, d'une forme bizarre et d'une solidité qui l'a fait résister aux efforts des siècles, est, dit-on, celle qu'habita saint Herblain dans les dernières années de sa vie. Un escalier, disposé à l'intérieur, permet au visiteur de monter sur le toit de cette demeure, d'où il embrasse au loin le cours de la Loire avec ses nombreuses îles et ses riantes vallées.

Quelques auteurs indiquent à la tour de Saint-Herblain, une autre origine et prétendent que saint Herblain ne se retira pas à Indret, mais bien sur la côte opposée dans les environs du monastère qu'il avait fondé à Basse-Indre ; Richer, entre autres, pense que l'ermitage, dont nous parlons, pourrait bien être l'ancien oratoire placé sous l'invocation de saint Martin de Tours, qui existait vers le viiie siècle.

Quoi qu'il en soit, cette ancienne tourelle, d'une construction très-curieuse et surtout très-solide, a conservé le nom de Saint-Herblain. Placée au milieu d'un vaste espace qui servit de champ d'épreuve, pendant le temps que la fonderie d'Indret fut consacrée à la fabrication des canons de la marine, elle se détache du groupe formé par les usines et les diverses constructions de l'île dont elle semble être la sentinelle avancée.

Dans les premières années du règne de Louis XVI, le domaine d'Indret étant retombé des mains des descendants de Duquesne dans celles du Gouvernement, M. de Sartine, alors ministre de la guerre, y fit bâtir quelques ateliers et y créa une fonderie de canons, dont les foreries étaient mues par une série de roues hydrauliques placées sur le bras de la Loire qui traverse le milieu de l'île.

Ce fut là le berceau industriel d'Indret, la base des vastes usines dont on admire aujourd'hui la belle ordonnance et les puissants moyens de production. Les travaux prirent de l'accroissement ; un certain nombre de familles vint s'établir dans l'île, et pendant quelques années, l'usine d'Indret fabriqua une grande partie des bouches à feu en fonte pour la marine de l'État.

Quelques personnes prétendent que la fonderie de canons fut organisée d'abord par des spéculateurs nantais, qui l'exploitèrent jusque sous le règne de Louis XVI, époque à laquelle le Gouvernement s'en empara pour la régir à ses frais.

Nous manquons à cet égard de renseignements positifs ; mais il est certain que la plaque en fonte de fer qui est longtemps demeurée au-dessus de la porte principale de l'ancienne fonderie et qui portait cette inscription : *l'an MDCCLXXVIII, le Ve du règne de Louis XVI, sous le ministère de M. de Sartine*, infirme, soit la prise de possession de l'usine par le Gouvernement, soit la fondation antérieure. Nous pencherions volontiers pour cette dernière opinion, parce qu'avant l'époque précitée, la fonderie de fer n'était pas encore assez perfectionnée pour qu'elle fût établie sur de grandes bases et parce que nous doutons que la fabrication d'Indret ait jamais été affectée aux canons de bronze.

Du reste, ce n'est véritablement qu'en 1838, que l'ère d'Indret commence à s'ouvrir pour l'industrie. L'habile ingénieur-mécanicien Gengembre, alors à la tête de son établissement de la rue de Vaugirard, fut chargé par le Gouvernement d'organiser à Indret une usine destinée à la construction des machines motrices des navires à vapeur.

L'île fut divisée en deux parts. A côté des ateliers mécaniques, un vaste chantier de construction s'ouvrit sous la direction de l'ingénieur de la marine, M. Legrix. Les paquebots, le *Pélican*, le *Vautour*, le *Crocodile*, le *Styx* furent successivement lancés et reçurent bientôt les appareils créés dans les ateliers voisins.

Dire le peu de temps dans lequel les premières machines furent construites et livrées, dire comment le noyau insuffisant laissé par les anciennes fonderies se grossit tout à coup et prit un développement prodigieux, cela suffirait à faire le plus bel éloge de l'ingénieur Gengembre.

Le nom de Gengembre se rattache assez directement à l'histoire d'Indret, pour qu'on s'explique la courte biographie que nous traçons ici et que nous empruntons à un discours que nous fûmes appelé à prononcer, en 1837, sur la tombe de l'illustre ingénieur, au nom de tout le personnel des ateliers d'Indret.

Au début de sa carrière, Gengembre étudia la médecine, et les brevets de docteur aux facultés de Paris et de Nancy attestèrent bientôt ses heureuses études. Préparateur ensuite au laboratoire du célèbre Lavoisier, et collaborateur de M. Darcet, il sut bientôt mériter l'estime et l'attention de ces deux chimistes qui lui procurèrent des élèves.

Mais, l'ardeur du jeune savant ne devait pas se satisfaire d'une position si modeste ; il voulait inventer, créer, se faire un nom. De telles idées le conduisirent en Amérique où brillait Franklin, qui sut bientôt reconnaître en lui des aptitudes remarquables pour les arts mécaniques et physiques. De pareils hommes se sont vite compris. Gengembre revint en France avec l'estime et l'amitié du célèbre américain.

C'est à son retour des États-Unis, qu'il entreprit de perfectionner le système monétaire. Et, cet homme, dont les laborieux essais avaient épuisé la fortune, vendit le peu qui lui restait, pour faire exécuter, à ses frais, les travaux qu'il avait projetés.

Nommé par ordonnance du 16 frimaire an IV, *artiste-mécanicien* à la Monnaie de Paris, il améliora entièrement les presses monétaires et inventa son balancier, heureuse application qui lui valut les félicitations du premier consul et la place unique créée en sa faveur, d'inspecteur général de toutes les monnaies.

Plus tard, à la rentrée des Bourbons, l'emploi de Gengembre fut supprimé, et dès ce moment, l'industrie naissante des machines à vapeur acquit un de ses plus actifs et de ses plus intelligents constructeurs. En 1814, ingénieur-mécanicien renommé, il passa en Angleterre où il connut Watt et où une étroite intimité s'établit entre ces deux hommes déjà liés par le génie. Nous passerons rapidement sur les quelques années de la vie de Gengembre, qui s'écoulèrent de 1814 à 1828, époque à laquelle il fut nommé directeur des usines d'Indret. Ce temps fut pourtant bien employé, car indépendamment des nombreuses machines motrices qui sortirent des ateliers de Vaugirard et qui passèrent, à juste titre, pour les meilleures de l'époque, d'heureux essais appliqués successivement à la production du gaz hydrogène extrait des matières grasses, à la fabrication des chaussures sans coutures, par procédés mécaniques, à la stéréotypie, etc., occupèrent les loisirs de l'infatigable ingénieur.

Sous la direction savante et éclairée de Gengembre, on vit Indret s'élever, s'accroître et se placer bientôt dans les proportions de la vaste usine qu'on admire aujourd'hui. Dix ans suffirent pour faire subir à l'île une métamorphose complète. De nombreux ouvriers que l'isolement avait éloignés, vinrent s'y fixer, quand fut construite la longue rangée d'habitations, aux deux branches de laquelle furent donnés les noms de rue de *Paris* et de rue de *Lorient*, par opposition aux travaux des deux chantiers auxquels elles correspondaient, savoir les ateliers de création de machines et ceux de charpenterie destinés à la construction de la coque des paquebots.

Depuis la fin de 1837, époque à laquelle mourut l'ingénieur Gengembre, dont la perte fut vivement ressentie par la population d'Indret, l'établissement prit un nouvel accroissement. Les anciens ateliers s'agrandirent, de plus vastes chantiers s'organisèrent et s'enrichirent d'une nombreuse collection de machines achetées à grands frais, à l'étranger. Cependant, l'usine a conservé longtemps le cachet pratique que lui avait imprimé son premier directeur. Les anciennes machines et l'outillage primitif n'ont pas cessé de servir. Insuffisantes, si l'on considère l'extension et l'importance qu'ont acquis les ateliers, elles n'ont pas moins encore une utilité très-bien appréciée.

On ne saurait nier, certainement, qu'aujourd'hui Indret soit parfaitement outillé et que ses ateliers renferment des machines précieuses. Toutefois, il est permis de dire qu'à un certain moment, on a fait des choix un peu hâtés et qu'il a été acheté çà et là, en Angleterre, notamment, des appareils qui n'étaient pas indispensables et qui auraient pu attendre ou exiger de nouveaux perfectionnements.

A une autre époque, nous nous sommes étonné du peu de progrès relatifs, qu'a réalisés l'usine d'Indret pendant les dix années qui suivirent la mort de l'ingénieur Gengembre. Nous nous sommes demandé comment avec un outillage nombreux et coûteux, comment avec une force motrice énorme, avec un personnel considérable, avec un budget prodigieux enfin, l'établissement d'Indret, placé en présence du mouvement si puissant de l'industrie générale, n'a pas produit de travaux plus abondants et plus remarquables ; nous nous sommes demandé comment, quand tous les jours, dans de vulgaires ateliers du commerce, on a vu surgir des découvertes et des améliorations si utiles, une usine à laquelle rien n'a manqué, ni les fonds, ni les outils, ni les hommes, a pu si souvent rester à la suite du progrès, quand elle eût dû marcher à la tête.

Nous ne pénétrerons pas ici dans le vif de la question. Nous ne rechercherons pas pourquoi, surtout au temps du régime parlementaire, les établissements de l'État pouvaient, restant stériles, ébrécher plus ou moins le budget, sans faire progresser l'industrie.

Nous ne rechercherons pas quelles sont les causes qui, réagissant sur les travaux à la solde du Gouvernement, peuvent rendre ces travaux plus onéreux et moins sensibles au perfectionnement que ceux de l'industrie privée.

Nous n'irons pas voir si à la suite de la direction toute pratique et toute économique de l'ingénieur Gengembre, ancien constructeur de machines, la direction plus savante des ingénieurs de la marine a été exempte de tâtonnements, d'études coûteuses et d'erreurs inévitables.

Nous nous bornerons à constater les faits et à dire, avec évidence, que toutes proportions gardées, les dix années qui s'écoulèrent après la direction Gengenbre ne valurent pas, pour les progrès et pour les services rendus à l'industrie des moteurs à vapeur, les dix années que dura cette direction.

De 1828 à 1837, avec un outillage restreint, avec un personnel insuffisant, avec des ressources modiques, on fit beaucoup, si l'on examine l'état où se trouvait alors la construction des machines à vapeur. De 1837 à 1848, avec des outils nombreux, avec des ingénieurs savants et un personnel important, avec un budget plus que large, on ne fît pas assez ni comme invention, ni comme amélioration, ni comme importance, pour qu'on puisse dire que cette période de l'histoire d'Indret fût réellement progressive.

Pour que nous ne soyons pas accusé de juger avec prévention, essayons d'appuyer nos assertions sur des chiffres incontestables. Ces chiffres résument, en quelque sorte, d'ailleurs, la statistique d'Indret depuis sa création comme établissement industriel à l'usage de la marine, jusqu'en 1848. Pour arriver à les établir, nous allons reprendre l'organisation de l'usine au moment de la prise de possession par l'ingénieur Gengembre.

En 1828, lorsque l'établissement d'Indret fut livré à M. Ph. Gengembre qui passa avec le Gouvernement un bail de dix ans, il n'existait aucun atelier convenable pour la construction des machines à vapeur. Le nouveau directeur dut se servir des ouvriers qu'il avait amenés pour édifier promptement des ateliers plus spacieux et plus appropriés à leur destination. De toutes les anciennes constructions, il ne resta que la fonderie qui fit partie des chantiers destinés aux machines, après qu'elle eut subi toutefois de nombreuses modifications et qu'elle eut été agrandie.

Les ateliers de forage et les autres bâtiments dépendant de la fonderie de canons furent appliqués à la partie de l'île où s'établirent les charpentiers. M. Legrix, ingénieur de la marine, chargé des constructions navales, fit construire la salle dite des *gabarits* pour le tracé des bateaux. Cette salle, dont nous ignorons la destination depuis qu'Indret n'a plus de chantiers pour la construction des coques en bois, avait des dimensions considérables et permettait d'établir des tracés atteignant plus de 70 mètres de longueur.

On éleva successivement des ateliers de forges, de chaudronnerie et de menuiserie, d'ajustage et de montage. Les outils provenant de l'usine de la rue de Vaugirard formèrent, en principe, le matériel des nouveaux ateliers. On les augmenta dans une proportion trop restreinte en premier lieu, pour ce qu'elle devait être étendue plus tard.

Le matériel, créé ou fourni par M. Gengembre, se composait, à l'époque où cet ingénieur mourut,

A la menuiserie : d'une machine à diviser les engrenages et de deux petits tours ;

Aux forges : d'une machine de douze chevaux servant à faire marcher une grosse soufflerie, d'un martinet desservi par un chemin de fer attaché à la charpente, de deux gros feux et de quatorze feux moyens ;

A la chaudronnerie : d'une machine à percer les tôles et d'une machine à vapeur de quatre chevaux conduisant une soufflerie et donnant le mouvement à des moulins broyeurs pour le service de la fonderie;

A la fonderie : de cinq grandes grues en fonte, de six fours à réverbère pour la fonte et le cuivre, de trois fourneaux à manches alimentés par une soufflerie que faisait mouvoir une machine de quatre chevaux;

A l'ajustage : d'une machine de douze chevaux servant à faire marcher deux machines à aléser, deux machines à forer et quatorze tours divers;

Au montage : d'un chemin de fer placé en l'air et surmonté de deux treuils destinés à remuer les pièces des machines en construction dans cet atelier.

Avec ce peu d'outillage, l'ingénieur Gengembre, dans l'espace de neuf ans et demi, établit tous ses ateliers, essuya la perte de l'ajustage qui brûla le 30 novembre 1836 et fabriqua des appareils à vapeur pour :

Le *Pélican*	(2 machines de 80 chev.)		de la force de 160 chev.	
Le *Vautour*	»	»	»	»
Le *Crocodile*	»	»	»	»
Le *Styx*	»	»	»	»
Le *Phare*	»	»	»	»
L'*Africain*	»	30	»	60
Le *Cerbère*	»	80	»	160
Le *Cocyte*	»	»	»	»
Le *Coursier*	»	30	»	60
L'*Euphrate*	»	80	»	160
Le *Brandon*	»	»	»	»
Le *Dante*	»	»	»	»
Le *Minos*	»	»	»	»
Le *Grégeois*	»	»	»	»

Les dix premiers de ces appareils furent montés sur des bateaux construits et lancés dans les chantiers d'Indret. Les quatre derniers furent montés à Lorient, où les constructions de coques avaient été faites.

Il faut ajouter à ces travaux, trois appareils de deux cent-vingt chevaux : le *Lavoisier*, le *Caméléon* et le *Gassendi*, commencés par M. Gengembre et qu'il ne put terminer.

Après la mort de l'ingénieur Gengembre, les chantiers de construction furent supprimés et leurs bâtiments furent réunis à ceux de l'usine.

Il ne sera pas sans intérêt de citer les navires à vapeur qui sortirent des chantiers d'Indret pendant sa courte existence. Ces navires, qui ne reçurent pas tous des machines établies dans l'établissement, sont les suivants :

Le *Castor* de la force de 160 chevaux, machines anglaises.

Le *Pélican*	»	160	»	machines d'Indret.
Le *Vautour*	»	160	»	»
Le *Crocodile*	»	160	»	»
Le *Styx*	»	160	»	»
Le *Phare*	»	160	»	»
L'*Africain*	»	60	»	»
La *Salamandre*	»	160	»	machines de M. Cavé.
La *Chimère*	»	160	»	»
Le *Cerbère*	»	160	»	machines d'Indret.
Le *Papin*	»	160	»	machines anglaises.
Le *Tartare*	»	160	»	machines de M. Cavé.
Le *Cocyte*	»	160	»	machines d'Indret.
L'*Érèbe*	»	60	»	machines anglaises.
L'*Euphrate*	»	160	»	machines d'Indret.
Le *Lavoisier*	»	220	»	»
Le *Tonnerre*	»	160	»	machines de M. Cavé.
Le *Phaéton*	»	160	»	machines de M. Hallette.
Le *Gassendi*	»	220	»	machines d'Indret.
Le *Voyageur*	»	60	»	»
Le *Rapide*	»	80	»	»
La *Vedette*	»	120	»	»
L'*Élan*	»	220	»	machines du Creusot.
Le *Phoque*	»	220	»	»
Le *Caïman*	»	220	»	machines de M. Pauwells.
L'*Espadon*	»	220	»	»

Les ateliers subirent un agrandissement considérable et reçurent, en 1840, pour un million deux cent-quarante mille francs d'outils de toutes formes, achetés, à grands frais, en Angleterre. L'opposition s'étonna alors, dans les chambres, de cet énorme impôt levé par l'étranger sur notre pays au détriment des usines françaises, qui, certainement, auraient pu, sans dépenses plus grandes, sinon avec moins de frais, fournir un matériel plus spécialement entendu pour être approprié aux besoins d'Indret.

C'était à cette époque une question de vogue que celle des machines-outils anglaises. Les Fairbairn, les Withworth, les Stéphenson, les Penn avaient inauguré des méthodes nouvelles du travail des métaux appliqués aux grands ateliers de construction. La machine-outil se développant, se spécialisant, s'assimilant les opérations manuelles les plus compliquées des ateliers de mécanique, avait fait faire un pas rapide à l'art des constructions de machines en

Angleterre. On ne vit que cela ; et, sans se demander si les grands établissements français étaient en état de s'organiser rapidement pour suivre le mouvement imprimé au perfectionnement de l'outillage, on acheta très-vite, trop vite aux constructeurs anglais des machines-outils parmi lesquelles se trouvaient d'excellentes choses, mais parmi lesquelles aussi, on rencontra des outils inutiles, incommodes, sans but assuré, quelques-uns en trop grand nombre pour ce qu'ils coûtaient, à des prix trop élevés pour ce qu'ils valaient.

On a dû depuis reprendre et compléter cet outillage. Quelques constructeurs français furent appelés à livrer des machines nouvelles d'un caractère tout aussi original et tout aussi sérieux que celles dues aux usines anglaises. Et aujourd'hui, les ateliers d'Indret, augmentés de constructions importantes pour les travaux de forge, de fonderie, de chaudronnerie et de montage, sont au niveau des meilleurs chantiers connus comme puissance de production et comme facilité d'exécution.

La menuiserie qui a cinquante mètres de longueur sur quinze mètres de largeur, possède deux machines de huit chevaux qui mettent en mouvement des machines à raboter, à dresser et à bouveter le bois, des scies circulaires, des scies verticales et des tours.

La forge qui, récemment, a été agrandie d'un nouvel atelier de deux cent-cinquante mètres de longueur sur trente mètres de largeur, comporte tous les appareils modernes destinés au forgeage des plus grosses pièces. La force motrice, dans ce seul atelier, est représentée par sept machines à vapeur fournissant ensemble près de deux cents chevaux.

La fonderie présente actuellement, comme matériel principal, dix grues pouvant enlever des fardeaux d'un poids atteignant trente à quarante tonnes, dix gros fours à réverbère et huit fours à manches de la plus grande dimension. On peut y couler aisément des pièces de plus de vingt-cinq mille kilogrammes.

Enfin, l'ajustage et le montage, de même que la chaudronnerie, sont organisés sur un pied considérable, et peuvent suffire à la mise en exécution, non-seulement des plus gros appareils moteurs, aujourd'hui connus, mais à la construction des bateaux en tôle et en fer qui peuvent être lancés dans les chantiers de l'île.

En examinant ce qu'étaient les usines d'Indret pendant les dernières années qui précédèrent la révolution de 1848, on peut ne pas s'étonner de l'animosité qui se produisit à l'endroit de ces usines dans certains orages parlementaires. Les adversaires, même les moins prévenus, des gros budgets de la marine, disaient qu'Indret avec une extension prodigieuse, avec des charges considérables, avec des moyens d'action d'une grande puissance, ne produisait pas assez et produisait trop cher.

On trouvait qu'au temps de M. Gengembre, les ateliers qui possédaient à peine une force motrice de 40 chevaux, plus que décuplée alors, avaient produit relativement plus et surtout avaient produit, toutes proportions gardées, dans des conditions beaucoup plus économiques.

Ces reproches étaient fondés selon de certaines limites. Pourtant, il faut se dire que d'une part, la direction industrielle et commerciale, en quelque sorte, de M. Gengembre n'était pas sujette aux écueils que trouvent les administrations publiques exclusivement sous la direction des agents de l'État; que d'autre part, il y eut alors un mouvement d'extension prodigieux et imprévu dû au développement considérable des proportions des appareils à vapeur. Les derniers appareils mis en chantier sous la direction Gengembre, devaient atteindre 220 chevaux et l'on trouvait cette force énorme, quand les nouvelles nécessités de la construction allaient amener plus tard l'exécution d'appareils employant 450 chevaux et dépasser bientôt ce chiffre pour atteindre des forces de 1000 à 1200 chevaux.

Pour faire face à ces énormes constructions, il fallait nécessairement s'organiser, s'outiller, s'agrandir, C'est ce qu'on dut faire; mais ce qu'on ne fit pas avec l'ardeur, l'activité et l'économie qu'on aurait pu trouver dans une entreprise particulière, par exemple, mieux organisée à certains points de vue.

Voici, du reste, ce qui fut construit, pendant la deuxième période de l'existence d'Indret, comme établissement de construction de machines.

Avec une grande puissance d'outillage et un personnel dix fois plus nombreux que du temps de M. Gengembre, les ateliers ne produisirent, après la mort de cet ingénieur jusqu'en 1847, que les appareils ci-après :

Le *Lavoisier*, deux cent vingt chevaux;

Le *Caméléon*, deux cent vingt chevaux;

Le *Gassendi*, deux cent vingt chevaux.

Ces appareils, qui ont seulement été achevés après 1837, étaient à cette époque très-avancés et ne demandaient que peu de temps pour être entièrement finis.

Le *Voyageur*, soixante chevaux;

Le *Rapide*, quatre-vingt chevaux (à quatre cylindres);

Le *Comte d'Eu* (depuis la *Vedette*), cent vingt chevaux;

L'*Infernal*, quatre cent cinquante chevaux (à quatre cylindres);

Le *Cacique*, quatre cent cinquante chevaux (à balancier);

L'*Eldorado*, quatre cent cinquante chevaux (à balancier).

En ajoutant à ces appareils, les machines du *Monge* et du *Sané*, en cours d'éxécution, puis celles de l'*Ardent*, ancien bâtiment à voiles, transformé en 1846, on a l'œuvre d'Indret pendant neuf années.

C'est peu, si l'on considère l'importance de l'établissement et le total des sommes dépensées ; c'est beaucoup, si l'on se dit qu'Indret a aidé pendant ce temps à préparer toute une génération d'ouvriers, de contre-maîtres, de chefs d'atelier et d'ingénieurs habiles, si l'on se dit que la construction des grands appareils moteurs de la marine a dû profiter d'expériences coûteuses, mais incontestablement utiles au progrès de l'industrie des machines.

Par le fait, Indret considéré comme établissement producteur, est resté au-dessous de ce qu'ont donné les établissements similaires appartenant à l'industrie privée, sérieusement organisés et économiquement dirigés. Mais, on peut reconnaître que cette usine a été surtout utile comme eût pu l'être une véritable école d'application.

Les ingénieurs de la marine, peu familiarisés avec les travaux de grande construction de machines, ont fait leurs premières armes à Indret. Ils y ont acquis, notamment dans les dix dernières années que nous venons de traverser, un savoir-faire et une habileté que personne aujourd'hui ne songerait à leur contester. Et c'est une justice de dire qu'à Indret, comme dans les autres arsenaux maritimes, le personnel des ingénieurs de la marine est à la hauteur de sa mission et partout en mesure de fournir des constructeurs qui valent bien, même comme science pratique, ceux que les meilleurs établissements de l'industrie peuvent leur opposer.

Non-seulement les ingénieurs, mais les ouvriers, les dessinateurs, les chefs d'ateliers se sont formés à Indret. Un grand nombre sont partis de cette usine pour aller aider, organiser ou diriger les ateliers nouveaux créés dans les grands arsenaux de Cherbourg, Rochefort, Lorient, Brest et Toulon.

Ces arsenaux devenus aujourd'hui, comme Indret, d'importants chantiers de construction, de chantiers d'entretien et de réparation qu'ils étaient, ne sont-ils pas à même de suffire aux besoins urgents de la marine, aidée, d'ailleurs, par les fournitures de l'industrie privée ? Indret ne peut-il pas, tout en conservant, comme base de ses travaux, les machines maritimes, aborder des constructions plus variées, par exemple, les machines-outils et les appareils divers nécessaires à l'organisation complémentaire des ateliers des ports ? Par là, cette usine parfaitement placée, largement organisée, puissamment outillée, présentant un casernement facile et commode, isolée, sans être éloignée des grands

centres et des grandes voies de communication, facile à surveiller
et à diriger, ne peut-elle pas former la base d'une grande école
d'application aux écoles industrielles, recevant depuis les ingénieurs jusqu'aux ouvriers formés dans les divers établissements
d'instruction industrielle de l'État.

C'est une question que nous posons, la trouvant d'autant plus
utile à résoudre qu'elle est digne des préoccupations du Gouvernement actuel, qui sait voir les choses largement et grandement,
et qui ne reculerait pas, du moment que serait admise l'idée d'un
vaste établissement complémentaire de l'enseignement industriel
des écoles spéciales, devant l'appropriation facile et rapide que
lui offriraient les usines, d'Indret, pour constituer une école d'application qui n'aurait pas sa pareille au monde, tant pour l'importance de ses constructions et de ses ateliers, que par l'ampleur
de ses ressources et l'opportunité de sa situation.

SITUATION ET AVENIR

DES

ÉCOLES D'ARTS ET MÉTIERS [1]

Si l'on examine la situation actuelle des Écoles d'arts et métiers et si l'on en dégage celle de certains établissements, créations municipales ou fondations privées, où l'on a essayé d'allier, dans des proportions plus ou moins heureuses, la pratique à la théorie, on reconnaît que les Écoles d'arts et métiers sont, parmi les institutions d'enseignement industriel, les seules véritablement populaires.

Se recrutant en grande partie au sein des familles de travailleurs ouvriers ou de petits industriels peu aisés, formées, dans tous les cas, d'éléments appartenant presque exclusivement à l'industrie, elles présentent, dans leur constitution, les conditions les plus économiques qui puissent être offertes aux classes aussi nombreuses qu'intéressantes dont elles sont les pépinières.

Le prix modique de la pension, des bourses nombreuses, des dégrèvements fréquents, mesurés selon les progrès des élèves, un entretien facile et peu coûteux, un enseignement, en un mot, presque gratuit pour le plus grand nombre, telles sont les bases sur lesquelles s'appuient les Écoles d'arts et métiers, bases qui ne peuvent être changées, tant du moins que ces Écoles appartiendront à l'État et continueront à porter le nom significatif d'Écoles impériales d'arts et métiers.

Mais de ces conditions doit-on conclure que les Écoles d'arts et métiers doivent rester essentiellement ouvrières et qu'il n'y a rien à faire pour améliorer les études qui composent leur enseignement?

Ou les Écoles d'arts et métiers doivent servir à former exclusivement des ouvriers. Et alors, l'instruction qu'elles distribuent

(1) Ce travail est emprunté, en partie, à mon livre aujourd'hui sous presse : HISTOIRE DES ÉCOLES D'ARTS ET MÉTIERS.

aujourd'hui est d'un ordre trop élevé et il leur suffit de rester dans les limites des écoles élémentaires.

Ou elles doivent, préparant des ouvriers habiles et instruits, avoir en vue de faire un jour, de ces ouvriers, des contre-maîtres, des chefs d'ateliers, des directeurs de travaux, même des industriels éclairés et capables. Et dans cette hypothèse, il y a à voir si l'enseignement actuel est suffisamment à la hauteur de la situation nouvelle de l'industrie et s'il n'a pas besoin d'être complété, transformé ou même agrandi et développé.

Il est difficile, selon nous, qu'on organise ou non toute une échelle d'enseignement industriel, de ramener les Écoles d'arts et métiers au niveau des écoles primaires industrielles ou des écoles de 1er degré, dont nous avons parlé ailleurs (1).

Ces établissements appartiennent, sans conteste, à l'enseignement du 2e degré, enseignement, en quelque sorte, préparatoire aux écoles d'un rang plus élevé, transition naturelle entre les écoles élémentaires du 1er degré et les écoles savantes du 3e degré.

Quelle qu'ait été la destination passée des Écoles d'arts et métiers, ou quel qu'en soit le but présent, il n'est pas possible d'affirmer d'une manière absolue, comme on l'a dit de tous temps, que ces établissements sont uniquement destinés à former des contre-maîtres et des ouvriers instruits.

Avec les éléments d'instruction qu'un certain nombre d'élèves apportent aux écoles, avec les cours qui sont professés actuellement et qui, bien que limités, ouvrent une marge assez large pour donner carrière à toutes les aptitudes et mettre toutes les intelligences sur la voie du succès, il faut bien se dire que la plupart des contre-maîtres et des ouvriers instruits qui sortent des Écoles arrivent bientôt à prendre placé dans les fonctions les plus hautes de l'industrie.

Quand on voit sur la brèche industrielle, des hommes peu instruits, moins instruits même que les élèves des Écoles, quelques-uns n'ayant pas ou ayant à peine les connaissances élémentaires exigées à l'admission ; quand on voit, disons-nous, de ces hommes porter haut le titre d'ingénieur-mécanicien, titre qu'on ne saurait leur contester et que justifient des travaux très-sérieux, des découvertes remarquables, on doit reconnaître que la fonction nouvelle des Écoles d'arts et métiers est plutôt de former des *industriels instruits* que des ouvriers et des contre-maîtres proprement dits.

Cette destination plus générale répond mieux à l'avenir des Écoles qui, dans ces conditions, sont appelées à fournir à l'indus-

(1) **Voir** : Études sur l'instruction industrielle, 1re partie.

trie, ce qu'elles font, du reste, depuis longtemps, des ouvriers et des contre-maîtres habiles, tout comme des industriels, et même des ingénieurs méritants.

Nous ne nous attacherons pas à envisager les Écoles d'arts et métiers , au point de vue de leur fusion dans un système unique et général d'enseignement industriel.

Les deux études qui forment la première partie de ce livre et qui traitent, l'une de l'instruction industrielle, l'autre de la propagation des connaissances industrielles, essaient d'aborder certains côtés intéressants de cette question complexe. Mais, c'est un terrain que nous voulons, ici, laisser indépendant de celui sur lequel nous retraçons aujourd'hui, en la développant et en la discutant, la situation particulière des Écoles d'arts et métiers.

Toutefois, nous avons à examiner les Écoles dont nous nous occupons sous deux aspects différents.

Celui de leur rapport avec l'École centrale des arts et manufactures, établissement auquel les rattachent de certaines lois qui peuvent fructueusement, suivant nous, être utilisées au profit des deux ordres d'institution.

Celui où nous devons les considérer comme établissements se mouvant isolément, dans une ligne qui leur est propre, en dehors de toute ramification à un système quelconque d'enseignement, ainsi, du reste, qu'elles ont fonctionné jusqu'à présent et qu'elles fonctionnent encore aujourd'hui.

Touchant le premier point, nous prendrons la liberté de renvoyer nos lecteurs aux pages (35-38) de ce livre, dans lesquelles, après avoir examiné et comparé les conditions relatives que présentent, à l'issue des études, les Écoles d'arts et métiers et l'École centrale des arts et manufactures, nous proposons d'affecter, suivant leurs mérites, aux élèves sortant des Écoles d'arts et métiers, des diplômes d'ingénieurs, de chefs d'ateliers, de directeurs de travaux, même d'élèves et d'aspirants ingénieurs.

Relever par ce moyen, ajoutons-nous, l'esprit des jeunes gens, leur faire envisager un but précis après leurs travaux, but qui est plus visible et plus déterminé pour les élèves de l'École centrale, dans les conditions actuelles de cette École, et qui, justement, est pour eux le couronnement prévu de leurs études ; récompenser ainsi le travail en assurant, presque à coup sûr, une carrière à ceux qui pourraient se présenter dans l'industrie, munis d'un diplôme officiel constatant leur capacité, ce serait certainement un des meilleurs moyens d'encouragement qu'une administration bienveillante, comme celle qui conduit les Écoles, saurait employer et appliquer au plus grand profit du perfectionnement de ces établissements.

On donne, avons-nous dit, des médailles accompagnées d'une somme d'argent aux élèves qui sortent les premiers de leur promotion. Ces récompenses ne seraient-elles pas plus sérieuses et plus complètes, si elles étaient accompagnées de la remise de diplômes tels que ceux que nous indiquons ?

Toutes les carrières, où doit se mouvoir et s'exercer l'intelligence, sont aujourd'hui, pour la plupart, obstruées. En vue de réserver ces carrières aux plus méritants, on a dû chercher à en rendre les abords plus difficiles et accessibles seulement dans certaines conditions de concours, de stages, de brevets ou de diplômes. Les jeunes gens des Écoles d'arts et métiers, livrés à l'industrie, sans autre recommandation que celle qui n'en est pas toujours une, de leur titre d'élèves, s'en vont péniblement chercher, après un tâtonnement qui souvent les rebute et les écarte, une position assise dans les travaux industriels.

Les chefs d'usine et les ingénieurs de grandes administrations, qui ne connaissent pas les ressources que peuvent offrir les élèves des Écoles d'arts et métiers, ou qui, par des circonstances sur lesquelles nous n'appuierons pas, n'ayant pas su user de ces ressources en auraient été éloignés par des essais plus ou moins malheureux, accueilleraient bien plus volontiers les élèves, s'ils leur arrivaient munis de diplômes ou de certificats de capacité.

Dans tous les cas, si de pareils titres, pas plus pour les élèves des Écoles d'arts et métiers que pour ceux de l'École centrale, ne peuvent constituer une recommandation absolue, on ne saurait dire qu'ils ne constituent pas une garantie excessivement sérieuse et une recommandation très-positive auprès des industriels susceptibles d'accueillir les porteurs de ces titres.

Même, en supposant que les Écoles d'arts et métiers restent des institutions exclusivement ouvrières, la remise de diplômes, à un degré restreint si l'on veut, ne s'agirait-il que de diplômes de contre-maîtres ou d'ouvriers de troisième, de deuxième, de première classe, peut être envisagée sous un point de vue moral que personne ne saurait contester.

Une école casernée, disciplinée, qui distribue l'instruction même à des ouvriers, doit chercher à placer ces ouvriers, comme éducation, comme tenue, comme tendances, au-dessus des travailleurs vulgaires qui se forment dans l'atelier et qui, dans le milieu dangereux où ils sont placés, n'ont, pour se soutenir et se développer, que le bon sens, le jugement et l'honnêteté, qualités données à tous, plus ou moins, mais trop faciles à égarer, pour qui n'est pas dirigé et conduit.

Les diplômes remis, bien évidemment à ceux qui les mériteraient, et écartés des élèves incapables ou dont la conduite ne serait pas irréprochable, seraient non-seulement une récompense, mais un service judicieux et bien compris, rendu à des jeunes gens que l'État instruit et prend, en quelque sorte, sous son patronage. Par là, ces jeunes gens devraient être plus forcément liés et plus intimement soudés à l'industrie qu'ils ne seraient pas tentés de fuir, comme cela est arrivé trop souvent, faute d'y trouver, à leurs débuts, une place suffisamment acquise.

Qu'on ne vienne pas dire que les diplômes, dont nous parlons, auraient pour but de créer des monopoles au profit des élèves des Écoles industrielles ou que, même, ils seraient une entrave à l'action de tous autres travailleurs de l'industrie qui se forment librement en dehors de l'enseignement public.

Nous avons exposé, ailleurs, comment des concours ou des examens organisés dans des centres déterminés, par exemple, au Conservatoire des arts et métiers, ou auprès de toutes autres institutions analogues dans les départements, pourraient permettre à tous ouvriers de conquérir certains grades industriels, comme on acquiert dans un autre ordre de choses, des diplômes de bacheliers ou des brevets de capacité.

Les titres dont nous parlons viendraient, d'eux-mêmes, s'échelonner dans la série des grades industriels que nous avons cités, depuis celui d'ouvrier d'une certaine catégorie déterminée, jusqu'à celui d'ingénieur ou de directeur de travaux.

L'État lui-même ne saurait refuser d'admettre, pour les élèves des Écoles d'arts et métiers, comme pour les ouvriers libres, la possibilité d'atteindre le plus élevé des grades que nous citons.

Pendant longtemps, l'État n'a reconnu d'autres ingénieurs que ceux issus de l'École spéciale polytechnique. Mais, depuis quelques années, il occupe dans les arsenaux, dans les ateliers ou dans certains travaux qui ressortissent des services publics, des agents-directeurs ou conducteurs de travaux qui portent officiellement le titre d'ingénieur, et qui n'ont pas passé par l'École polytechnique.

La propriété de l'École centrale des arts et manufactures acquise aujourd'hui au Gouvernement a fait endosser, en quelque sorte, à celui-ci, la consécration des diplômes délivrés avant que l'École eût changé de maîtres. L'État, d'ailleurs, continue en son nom, et par l'organe de ses agents, à conférer ces diplômes.

Il y a plus, depuis 1848, le titre de directeur des travaux, dans les Écoles d'arts et métiers, a été changé contre le titre d'ingénieur conféré aujourd'hui d'une manière officielle à d'anciens élèves des mêmes Écoles ; ce qui prouve à la fois, que l'État reconnaît désormais, pour tous, ce titre jadis réservé à un corps privilégié, et qu'il admet ce titre possible pour les anciens élèves des Écoles d'arts et métiers, bien que les statuts de ces établissements ne doivent conduire, en principe, qu'à former des ouvriers et des chefs d'ateliers.

Ces faits seraient, quand bien même ils n'existeraient pas ailleurs que dans les Écoles, la consécration la plus impérieuse de l'aptitude que ces établissements possèdent de produire des ingénieurs, et la raison la meilleure que nous puissions fournir à l'appui de notre théorie des grades industriels conférés par des diplômes.

Que les Écoles d'arts et métiers soient appelées à vivre sans aucuns rapports d'administration ou de connexité avec l'École centrale des arts et manufactures, les deux ordres d'institution n'étant pas réglés pour que l'une, en quelque sorte, vienne servir de complément aux autres, on peut néanmoins admettre que les Écoles d'arts et métiers puissent, dans certaines conditions données, verser à l'École centrale une partie de leurs bons élèves en théorie, qui ne peuvent être en aucun cas, destinés au service des ateliers, soit par manque d'aptitude pratique, soit par tous autres motifs. C'est, du reste, ce qui se passe aujourd'hui et s'est toujours passé d'une façon très-limitée, il est vrai, mais positive, depuis que l'École centrale a été fondée. Il s'écoule, en effet, peu d'années où cette École ne reçoive quelques élèves sortant des Écoles d'arts et métiers.

Seulement, nous devons dire que ces élèves, en raison du peu d'homogénéité des programmes entre les deux ordres d'Écoles, ne peuvent que très-rarement et difficilement entrer à l'École centrale, la même année qu'ils doivent quitter les Écoles d'arts et métiers. Il faut qu'ils se préparent. De là, une année au moins perdue ; ce qui, reculant assez loin, quelquefois, leur sortie de l'École centrale, est un inconvénient peu grave sous le rapport des connaissances et de l'expérience qui, après tout, ne sont que mieux acquises, mais, assez onéreux pour les familles, et assez fâcheux par le retard qu'il apporte à mettre les jeunes gens aux prises avec la vie active qui devient, pour la plupart d'entre eux, la sauvegarde de bien des écarts.

A ce point de vue, nous ne pouvons que répéter encore que les programmes des diverses Écoles industrielles, que nous mettons en regard, gagneraient beaucoup à être coordonnés de telle façon qu'ils pussent présenter au moins certains points de repère susceptibles de les faire se lier ou s'emmancher les uns dans les autres, à des moments déterminés.

Pour étudier la question ainsi, il faudrait prendre et examiner dans ses détails, l'organisation d'enseignement de l'École centrale. Ce serait nous éloigner de notre but qui est de nous occuper essentiellement des Écoles d'arts et métiers.

Revenons donc à ces institutions et recherchons par quels moyens leur enseignement pourrait être amélioré.

Pour cela, nous exposerons succinctement la situation actuelle des Écoles d'arts et métiers, sauf à répéter quelques détails déjà donnés dans nos diverses publications ; puis, nous discuterons cette situation en examinant les modifications qu'elle pourrait subir.

Les trois Écoles d'arts et métiers entretiennent ensemble un maximum de neuf cents élèves, trois cents par École, divisés en trois promotions. En comptant les places non occupées, les exclusions, les départs pour diverses causes, etc., chaque promotion sortant peut fournir annuellement environ deux cents élèves aux carrières industrielles.

Quoiqu'on fasse, et quelle que soit la solidité des études dans les Écoles, on ne saurait empêcher de la part d'un certain nombre d'élèves une déviation inévitable vers d'autres destinées que celles de l'industrie, et l'on peut dire que, déduction faite des sujets qui s'adonnent à d'autres carrières, chaque École ne fournit pas en moyenne, par année, plus de 50 élèves qui restent dans l'industrie ou tout au moins dans les voies qui se relient plus ou moins directement à l'industrie.

Sur ces cinquante élèves, on peut admettre, sans que nous voulions toutefois poser des chiffres rigoureux, que plus de la moitié formeront des ouvriers, des dessinateurs, des mécaniciens dans la marine ou dans les chemins de fer, des contre-maîtres et des chefs d'atelier ; les deux tiers de la seconde moitié seront pris par des emplois secondaires dans l'industrie et les chemins de fer, directeurs de travaux, sous-ingénieurs, dessinateurs, chefs de bureaux et chefs d'études, chefs et sous-chefs de dépôt des chemins de fer, etc., etc. ; enfin, le sixième au plus atteindra les positions élevées d'ingénieurs, de chefs d'industrie, de directeurs d'usines.

Tel est, du moins, ce qui peut résulter de l'examen statistique indiqué par les Annuaires et les Bulletins de la Société des anciens élèves des Écoles d'arts et métiers, dans ces dernières années.

On peut donc affirmer, surtout depuis vingt ou vingt-cinq ans, que les Écoles sont éminemment utiles à l'industrie, qu'elles atteignent amplement leur but qui est de fournir la plus grande somme de leur contingent aux fonctions industrielles des ordres inférieurs, et que si elles dépassent ce but en produisant un certain nombre de sujets qui parviennent à des fonctions plus élevées, loin d'en faire un reproche à l'enseignement de ces Écoles, on ne peut que le féliciter d'amener, quoique imparfait, et réduit à des limites très-modestes, des résultats semblables.

On exige, pour l'admission des élèves aux Écoles d'arts et métiers, les connaissances élémentaires qui suivent : l'écriture, la grammaire, l'orthographe, l'arithmétique, des éléments de géométrie et d'algèbre, de dessin linéaire, et, de plus, une année d'apprentissage dans un des métiers enseignés aux Écoles.

Rarement, il faut le reconnaître, ces conditions, surtout la dernière, sont bien remplies. Pour la plupart des candidats, l'apprentissage est un mythe ! Heureux encore sont les directeurs des Écoles, quand les élèves qui leur arrivent ne sont pas plus que faibles dans les parties de la théorie, pourtant peu compliquées, qui sont exigées d'eux.

La durée des études dans les Écoles d'arts et métiers est présentement fixée à trois années. Chaque année comporte une division à laquelle sont affectés des cours théoriques spéciaux gradués, suivant la force des élèves et dont le programme est déterminé ainsi qu'il suit, 1re année : arithmétique, éléments de géométrie et d'algèbre, langue françaisse, écriture, dessin des ornements et dessin au lavis ; 2e année : complément de l'algèbre et de la géométrie, trigonométrie rectiligne, géométrie descriptive, théorie des ombres, tracé des engrenages, langue française, histoire et géographie, écriture, croquis et dessin des machines ; 3e année : mécanique industrielle, physique et chimie appliquées aux arts, éléments de littérature, dessin au trait et au lavis des machines.

Tous les élèves, quelle que soit, d'ailleurs, leur profession, sont appelés à partager, suivant la division à laquelle ils appartiennent, les cours théoriques dont nous venons d'indiquer le sommaire. Ils sont répartis pour les travaux pratiques qui occupent environ les deux tiers de leurs journées entre les quatre ateliers, ajustage, fonderie, forges, tours et modèles, dans lesquels l'enseignement se borne peut-être trop exclusivement à la démonstration de la main-d'œuvre et aux exercices purs et simples de l'ouvrier.

A ces diverses branches d'instruction, on a dû ajouter, mais cela n'a pas été fait ou a été mal fait et mal compris, des cours de comptabilité, d'économie et de législation industrielles, des éléments de topographie et de lever des plans, etc. Il a été autorisé, en outre, et comme but d'utilité et comme objet d'agrément, des leçons de musique instrumentale, des notions de chant que tous les élèves sont obligés de suivre, et enfin un gymnase. Ajoutons que la musique et le chant ont été traités selon les Écoles, plus ou moins sérieusement, et que les gymnases n'existent dans aucune École, que nous sachions.

En somme, le temps donné au travail théorique ou pratique dans les Écoles d'arts et métiers est bien rempli, sinon, tout à fait compris comme disposition intelligente des études. Il y a à voir, sous ce rapport, si dans le même temps, on n'obtiendrait pas mieux ou davantage.

Les élèves travaillent tous les jours depuis cinq heures du matin jusqu'à neuf heures du soir, à l'exception des fêtes reconnues, des dimanches et de quelques rares congés. Les récréations sont peu fréquentes et relativement courtes ; il n'y a pas de jeudis, et les vacances sont réservées seulement aux élèves de la première année.

Les travaux des ateliers sont plus ou moins goûtés par les élèves, suivant leurs aptitudes manuelles. Toutefois, à part un petit nombre de paresseux ou d'insouciants, les travaux pratiques sont généralement assez bien suivis. Ce résultat est dû en grande partie au système de notation des résultats des études, qui, dans les examens, fait entrer les ateliers pour un coefficient égal à trois, quand ce coefficient reste égal à l'unité pour les mathématiques, le dessin et le français.

Le coefficient des études dans les ateliers, qui constitue ainsi la moitié des notes données à chaque élève aux examens semestriels, a sa raison d'être fondé sur la destination essentiellement pratique des Écoles. Toutefois, ce coefficient est peut-être relativement élevé, en ce sens que des élèves adroits à faire œuvre de leurs mains, peuvent se maintenir à l'École et même occuper un rang assez avancé dans leur promotion, sans se gêner beaucoup dans les autres parties de l'enseignement.

Il est vrai que toute faiblesse trop absolue montrée dans les cours théoriques, notamment dans les études de mathématiques, peut être une cause d'exclusion, quelle que soit l'habileté constatée dans les travaux pratiques. Mais, cela n'empêche pas la théorie d'avoir une valeur relative trop faible.

Un des points négligés est surtout l'étude de la grammaire et de la langue française. Le trop de facilité laissé aux candidats, dans les examens d'entrée, amène aux Écoles un assez grand nombre d'élèves illettrés. Et il est certain qu'à moins d'une grande bonne volonté, d'une grande application, ou d'une grande facilité, les élèves qui entrent dans les Écoles sans savoir leur langue, en sortent ni plus ni moins avancés sous ce rapport.

L'absence d'orthographe, l'insuffisance du style, le défaut des connaissances les plus élémentaires de la langue et de la littéra-

ture françaises, sont les causes de reproches, trop souvent jus-
tifiés, adressés à un grand nombre d'anciens élèves des Écoles.

La plupart de ces élèves conviennent de leur insuffisance à cet
égard, et ils regrettent la négligence qu'ils ont apportée à l'étude
du français dans les écoles, comme, en même temps, les lacunes
qu'y laisse cette étude.

S'il fut un temps où l'esprit français laissait aux philosophes,
aux auteurs ou aux hommes d'affaires, l'unique soin d'écrire, il
faut se dire qu'aujourd'hui l'orthographe et la netteté, sinon la
pureté du style, sont à l'ordre du jour, et que l'ouvrier instruit, à
plus forte raison, le chef industriel et l'ingénieur, doivent être en
état d'écrire correctement la langue qu'ils parlent et de la rédiger
avec clarté.

Si la grammaire est trop peu prisée dans les Écoles d'arts et
métiers, l'étude du dessin y est très-recherchée et très-suivie. On
peut dire que les arts graphiques y sont poussés plus loin, au point
de vue de la reproduction exacte des appareils et des machines,
de la pureté de la ligne, du soin des contours, qu'en aucune autre
institution publique. Les élèves apportent à leurs dessins un goût,
une aptitude que motive, du reste, le besoin qu'ils ont de cet élément pour s'en faire le point d'appui qui doit leur permettre de
franchir avec succès les premiers degrés de l'échelle industrielle.

L'habileté et la perfection par lesquelles se recommandent les
dessinateurs sortis des Écoles, ont créé pour les anciens élèves
des débouchés en grande partie assurés dans les travaux des
ingénieurs de la plupart des chemins de fer et des grandes exploitations industrielles.

Une notice sur l'École d'Angers, que nous avons publiée en
1846, cite un éminent ingénieur qui, dans un compte-rendu à
l'administration d'un chemin de fer, déclarait que les élèves des
Écoles d'arts et métiers se recommandent d'eux-mêmes par le
fini et l'intelligence qu'ils savent apporter à leurs dessins.

Longtemps, la durée des études dans les Écoles d'arts et métiers
fut fixée à quatre ans; on ajoutait même une cinquième année, dite
année de vétérance, uniquement réservée aux élèves les plus méritants.

Cette durée était peut-être alors un abus, en ce sens que les
élèves parcourent aujourd'hui dans leurs trois années, le même
cadre d'enseignement théorique, à peu d'exceptions près, qui
servait à remplir les cinq ans d'autrefois.

Le travail pratique pouvait seul souffrir de la réduction du
temps des études; on a cru bon d'établir une compensation en
exigeant des candidats une année d'apprentissage dans une des

industries professées aux Écoles. Mais ce moyen, qui aurait pu servir à préparer des élèves plus habiles dans les ateliers, n'a pas donné les résultats qu'on en attendait. La plupart du temps, l'année d'apprentissage n'est qu'une formalité que les parents se contentent de remplir, ainsi que nous l'avons fait voir ailleurs, à l'aide de certificats de complaisance ; le plus grand nombre des candidats mis à l'épreuve, après leur admission, déclarent n'avoir consacré aux travaux pratiques qu'un temps assez insignifiant ; quelques-uns même ne s'en sont nullement occupés. Et ce sont peut-être ceux-là dont on parvient à tirer le meilleur parti ; car on ne trouve pas chez eux des habitudes quelquefois pernicieuses, contractées aisément au sein des ateliers par des enfants qui n'y font qu'un passage, y travaillent en amateurs et sont plus ou moins soumis à la surveillance qui s'exerce sur les autres apprentis.

Bien des raisons sérieuses militeraient en faveur de l'abandon de l'année d'apprentissage, si l'expérience a prouvé, comme nous le pensons, qu'à côté du résultat plus ou moins contestable que peut exercer l'apprentissage sur les études pratiques des Écoles, il y a d'assez graves inconvénients pour que ce résultat, même en l'admettant le plus favorable, ne soit pas à chercher exclusivement.

Il est présumable qu'on ferait mieux de supprimer l'apprentissage et de porter de nouveau à quatre ans le temps d'École, sauf à ne consacrer la première année qu'au travail pratique et à des études élémentaires, si l'on ne juge pas convenable de donner plus d'extension à l'enseignement théorique. On obtiendrait, par ce moyen, d'aussi bons, même de meilleurs ouvriers ; mais, après tout, ces ouvriers, quelle que fût leur habileté, auraient encore besoin du séjour des usines, pour compléter leur instruction pratique.

Il faut se convaincre que les travaux des ateliers des Écoles ne sauraient être rigoureusement calqués sur les travaux des ateliers de l'industrie. Même, en faisant la part des modifications dues au régime des Écoles, en lui-même, on sait que quelle que soit la chose à étudier et à apprendre, elle est entourée de méthodes diverses et de moyens variés à mettre en œuvre pour atteindre un but semblable et qui, tous, sont à des degrés plus ou moins prononcés, également bons à connaître. En un mot, c'est en voyant, en jugeant, en comparant que l'expérience s'acquiert. Et, sous ce rapport, comme toujours le travail d'un atelier diffère plus ou moins essentiellement du travail d'un autre atelier de même fabrication, c'est, dans tous les cas, au profit de l'expérience que les procédés de l'un et de l'autre sont passés au creuset de la comparaison.

L'année qui s'écoule après la sortie de l'École, n'est le plus souvent employée par les élèves qu'à parcourir les usines, à essayer différentes positions, enfin à acquérir ce que les Écoles ne peuvent pas leur donner, l'aplomb, l'habitude des travaux industriels et surtout un peu d'expérience qu'ils n'achètent qu'au moment, où affranchis de la tutelle réglementaire, ils demeurent livrés à eux-mêmes.

L'addition d'une année aux études actuelles des Écoles d'arts et métiers parait être, en principe, d'une utilité incontestable, surtout si l'on admet la suppression de l'année d'apprentissage préalable, ou du moins la non exigibilité de cette année, en se bornant à en faire l'objet d'un coefficient ajouté à la somme des notes du candidat aux examens d'admission.

L'apprentissage devenant ainsi une recommandation, cesserait d'être une obligation.

En partant de cette idée, il reste à voir si la quatrième année doit être prise sur la tête des études pour remplacer partiellement l'année d'apprentissage, ou si elle doit être ajoutée à l'enseignement pour le compléter et l'étendre.

Dans le premier cas, les programmes, s'il ne s'agit que d'assurer la réussite des élèves au point de vue pratique, n'auraient pas à subir d'importantes modifications quant aux études théoriques.

Les élèves arrivant, comme aujourd'hui, avec les connaissances exigées en grammaire, en arithmétique, en éléments de géométrie et d'algèbre, auraient, pendant la première année, à revoir et à repasser ces études, à se les assimiler suivant les méthodes admises dans les cours des Écoles, méthodes ayant par l'affinité une influence réelle sur tous les travaux des années suivantes. Ils accompliraient ou recommenceraient leur année d'apprentissage ; ils se fortifieraient, ou même se formeraient dans l'application du dessin linéaire.

Durant cette première année, on devrait s'attacher à rendre les études élémentaires plus sérieuses et plus intéressantes.

Le coefficient d'atelier devrait être abaissé au profit du coefficient de l'instruction théorique qui devrait être augmenté. Les cours de grammaire, d'analyse grammaticale, de lecture, de musique vocale, d'écriture, devraient être plus fréquents, plus suivis, plus sérieux.

La première année devrait être, en un mot, la répétition du programme exigé aux examens d'entrée, programme mal vu, mal su, mal compris par le plus grand nombre des candidats aux Écoles. Elle redresserait les écarts résultant d'examens mal surveillés ou faits sous l'empire d'un système de protection ou de complaisance ; elle unifierait l'instruction première et donnerait aux élèves les connaissances utiles qui leur manquent, surtout en langue française et qui, avons-nous dit, ne peuvent être acquises par eux en l'état actuel des Écoles ; elle préparerait les jeunes gens d'une manière plus ferme et plus solide aux études qui les attendent dans les divisions des années suivantes ; elle serait, enfin, complémentaire et préparatoire et laisserait les trois années qui doivent la suivre bien nettes, bien franches de toutes études élémentaires qui, quand elles ont été mal comprises ou mal faites, exercent une influence déplorable sur toutes études ou tous travaux ultérieurs.

Les jeunes gens reconnus trop ignares, trop paresseux, trop insuffisants pour suivre les cours après l'essai de la première année, seraient renvoyés à leur famille et ne resteraient pas à encombrer, sans profit pour eux, ni pour la société, les bancs déjà trop étroits des Écoles. La mesure des renvois existe déjà, mais elle est hésitante et sans portée, parce qu'elle ne peut être appliquée assez rigoureusement dans l'état actuel des Écoles.

L'inspecteur et les directeurs reculent devant des sévérités d'un caractère très-grave, dès qu'il s'agit de considérer que, vu le peu de durée des études, la carrière d'un élève renvoyé pourra se trouver inopinément brisée ou faussée. On espère qu'un élève incapable se développera et se formera par la seconde année ; on ajourne le renvoi et l'on maintient ainsi sur les cadres des Écoles des jeunes gens qui, n'ayant profité en rien dans la première année, n'acquièrent pas davantage dans la seconde, ni dans la troisième, et finissent par sortir non classés, c'est-à-dire, dans un état de nullité à peu près absolu.

La disposition que nous proposons aurait ceci de particulier, que la première année étant essentiellement préparatoire, la remise aux familles de l'élève incapable n'aurait pas la portée qu'elle atteint aujourd'hui.

Cette portée serait prévue, si l'on admettait que les élèves ne seraient définitivement classés et n'appartiendraient régulièrement à l'enseignement spécial des Écoles d'arts et métiers qu'après la première année.

Il y aurait, du reste, à voir si cette première année devrait être faite rigoureusement dans les Écoles d'arts et métiers, ou ne devrait pas se passer dans une institution spéciale d'apprentissage préparatoire aux Écoles d'arts et métiers. Dans cette dernière hypothèse, peut-être la plus simple et la plus normale, en ce sens que les institutions préparatoires pourraient ne pas répondre uniquement aux besoins particuliers des Écoles d'arts et métiers, il faudrait admettre que les Écoles d'apprentissage fussent soumises au même régime d'administration et de discipline, aux mêmes bases d'études, aux mêmes errements en un mot, que les Écoles d'arts et métiers dans le système desquelles elles viendraient s'embrancher comme si elles ne formaient, avec celles-ci, qu'un seul et même ordre d'enseignement.

On conçoit que nous cherchons à exposer des idées, sans trancher les questions et sans tracer de route absolue. Notre rôle d'écrivain est de semer, non de fonder et d'organiser.

Nous livrons nos réflexions à l'Administration et à ses organes officiels, et nous bornons notre ambition au désir de voir ces réflexions prendre une place utile dans la discussion de l'enseignement professionnel, et surtout dans le travail qui, tôt ou tard, devra présider à la réorganisation et à la régénération des Écoles d'arts et métiers.

Nous nous rappelons que c'est tout d'abord de ces Écoles que nous avons à nous préoccuper ici. Aussi, n'avons-nous à traiter que d'une manière incidente la question des Écoles d'apprentissage. Laissons donc cette question à l'écart, pour le moment, sauf à y revenir encore, et rentrons dans notre sujet principal.

Les trois années d'études qui suivraient la première année préparatoire comprendraient les diverses matières théoriques que les élèves voient aujourd'hui. Sans leur donner plus d'extension, on pourrait présenter ces matières plus complètes et plus fermes et tout au moins les achever, ce qui ne se fait pas aujourd'hui.

Il arrive, par exemple, que dans la dernière année, le cours de mécanique, toujours plus abondant et plus pressé, en raison des conquêtes nouvelles de l'industrie, dépasse les limites prévues et ne s'achève, bien juste, quand il s'achève, qu'aux derniers jours des études. Il suit de là, que les cours de physique et de chimie industrielles, qui doivent suivre le cours de mécanique et qui, par parenthèse, seraient mieux compris, s'ils se faisaient concurremment, ne se font pas du tout, le plus souvent, ou, dans tous les cas, sont déplorablement tronqués.

Il en est de même de certains cours indispensables aux élèves des Écoles d'arts et métiers, et qui, la plupart du temps, ne se font pas ou se font mal. Tels sont les cours concernant les machines à vapeur, les machines-outils, les applicacations précises à la charpente, à la coupe des pierres, aux engrenages, à la théorie des ombres, etc.; les données industrielles sur le petit outillage et les parties détachées des machines, en somme, une foule de détails essentiellement pratiques, d'un degré aujourd'hui parfaitement reconnu pour tous établissements qui, même de second ordre, ont mission d'enseigner l'industrie.

Dans l'organisation actuelle, la première année étant perdue, en partie, à revoir des choses que chaque élève arrivant devrait savoir et à familiariser les jeunes gens au régime des Écoles, la première année préparatoire, si l'on veut, mais préparatoire dans de mauvaises conditions, en ce sens qu'elle est insuffisante et laisse à l'écart trop d'éléments mal acquis de l'instruction élémentaire ; la première année, disons-nous, absorbe et dévore la meilleure partie du temps consacré aux études théoriques, sans avantages relativement sérieux. Il résulte de cette disposition que les deux années positives qui restent sont trop remplies et ne peuvent suffire, quelles que soient la bonne volonté des professeurs et l'ardeur des élèves, à l'accomplissement des programmes.

C'est pour cela que le nombre de trois années restant libres, en dehors de l'enseignement purement élémentaire, n'est pas trop grand pour que les élèves puissent acquérir solidement, et par cela même utilement, la connaissance des matières prévues, même dans les programmes actuels, depuis la géométrie et l'algèbre, en passant par leurs applications, jusqu'à la mécanique, la physique et la chimie industrielles.

Si donc l'État ne veut pas développer l'instruction des Écoles d'arts et métiers, au-delà des limites présentes, il se trouve, d'après ce que nous venons de dire, en face de deux éventualités desquelles il n'y a pas à sortir.

Ou exiger que les programmes d'admission aux Écoles soient rigoureusement et scrupuleusement observés, que les candidats arrivent avec des connaissances bien acquises, avec un apprentissage bien évident, bien constaté, avec une bonne instruction primaire bien démontrée, prouvant qu'ils possèdent, d'une manière convenable, la langue qu'ils doivent écrire et parler, qu'en un mot, les examens soient sérieux, sévères et justes, à l'abri de l'incurie, de la faveur ou du laisser-faire.

Ou admettre, pour parer aux écueils inévitables que présentent les examens d'admission, tels, surtout, qu'ils sont compris aujourd'hui, une quatrième année préliminaire des trois années actuelles, quatrième année essentiellement préparatoire et complémentaire, comme nous l'avons fait voir, laissant les trois autres bien franches et bien libres pour affermir et assurer l'instruction voulue.

Si l'on ne devait pas se renfermer dans l'une ou dans l'autre de ces deux propositions, il vaudrait mieux songer à restreindre, pour l'avoir meilleur et plus solide, l'enseignement théorique actuel ; il vaudrait mieux borner cet enseignement à l'étude bien certaine de la langue française que les élèves doivent posséder, avant tout, à l'arithmétique, à l'algèbre, à la géométrie et à la géométrie descriptive élémentaire, à des notions également élémentaires de mécanique , de physique et de chimie, et à des applications très-sérieuses et très-suivies du dessin linéaire dans toutes les branches qui se rattachent à l'industrie des machines.

Il est certain que dans l'état présent des choses, les études théoriques des Écoles d'arts et métiers , si peu élevées qu'elles soient, ne sont abordables fructueusement qu'à un nombre relativement faible d'élèves arrivés aux Écoles bien préparés ou d'une intelligence et d'une aptitude qui les mettent à même de s'assimiler rapidement et facilement des notions de sciences qu'ils n'avaient pas soupçonnées jusque-là.

A chaque promotion, les Écoles voient de ces élèves d'une nature hors ligne, qui, arrivés presque abruptes, s'élèvent vigoureusement dès la fin de la première année et font d'incroyables progrès dans tout ce qui est mathématiques.

Mais, trop souvent, ces élèves arrivant illettrés demeurent, sous le rapport de l'orthographe et de la grammaire, ce qu'ils étaient au début, parce que les Écoles n'ont pas les éléments nécessaires (le temps compris), pour développer ces études essentielles qui sont la base de toute instruction, même de celle de l'ouvrier et de l'enfant du peuple.

Sous ce rapport, mieux vaudrait consacrer une partie du temps attribué aux travaux des ateliers pendant la première année, à l'étude exclusive de la langue française, de la lecture et de l'écriture, dussent les élèves négliger un peu, au besoin, la voie des travaux pratiques plus facile à retrouver, après tout, que celle dont nous parlons, soit dans les années qui suivent, soit même après la sortie des Écoles.

Du reste, il est certain, redisons-le encore, que les obligations imposées aux candidats, lors des examens d'admission, pourraient, étant beaucoup mieux remplies qu'elles ne sont, parer en grande partie à l'insuffisance d'instruction première dont nous nous plaignons.

A Paris, pour les places données par la Société d'encouragement, comme pour celles obtenues au concours pour le département de la Seine, de même que dans quelques départements où les candidats se présentent nombreux, et par cela même, exigent des juges plus d'attention et de sévérité, les concours peuvent être assez sérieux et n'admettre que des jeunes gens d'une certaine valeur. Mais, il n'en est pas de même partout. Il y a certains départements où les candidats assez rares sont reçus purement pour éviter des vacances d'emploi, sans qu'on s'attache à exiger d'eux toutes les connaissances voulues ; il y en a d'autres où les jurys d'admission ne tiennent pas un compte suffisant de l'importance de leur mission, d'autres où l'on donne, peut-être, trop aisément accès à la faveur et au privilége ; en un mot, les examens, quelque peu exigéants qu'ils soient, sont trop souvent faussés, mal compris, inutiles (1).

On arriverait, croyons-nous, à une situation plus satisfaisante, si l'on centralisait les épreuves dans quelques villes principales seulement, au lieu de les disséminer par chefs-lieux de départements et si on confiait la direction et la surveillance de ces épreuves à des examinateurs en tournée, comme cela a lieu, d'ailleurs, pour beaucoup d'autres écoles de l'État.

Sans ôter aux préfets et aux jurys d'admission dans les préfectures leur action principale comme examen des titres des candidats, on remettrait, du moins, à des hommes habitués aux interrogations, exercés aux matières des programmes, etc., le soin de juger exactement le mérite des jeunes gens, comme instruction. Les examinateurs chargés d'une semblable mission auraient tout intérêt à la remplir convenablement, puisque les directeurs des Écoles contrôleraient leurs opérations à l'aide des examens à l'arrivée aux Écoles. Et l'on éviterait ainsi, non-seulement les élèves refusés à ces derniers examens, mais encore les élèves absolument mauvais, que trop souvent les directeurs des Écoles se résignent à admettre autant dans le désir d'éviter des frais considérables aux familles quelquefois très-éloignées des villes où se trouvent les Écoles, que dans l'espoir de voir ces élèves se former assez pour pouvoir suivre fructueusement les cours.

Après tout, si l'on arrivait par là, à obtenir des jeunes gens plus instruits au moment de leur admission aux Écoles, il serait peut-être mieux de ne pas sacrifier uniquement l'année que nous proposons d'ajouter aux études, en vue d'exercices élémentaires et presqu'exclusivement d'apprentissage.

La quatrième année pourrait se trouver remplie d'une manière plus utile, sans exagérer, outre mesure, l'importance des études et tout en faisant rester les Écoles d'arts et métiers dans les limites des programmes modestes qui doivent leur être imposés.

C'est à ce point de vue que nous allons examiner ces programmes, en admettant une quatrième année, devant servir à fortifier les élèves dans leurs études pratiques et à leur apporter certains éléments qui leur manquent et qui sont aujourd'hui du domaine de l'instruction commune, plutôt qu'à combler ce qu'ils ont d'insuffisant au moment de leur admission.

____

(1) Tout cela s'est certainement amélioré pendant les années de progrès que nous venons de traverser. Toutefois, la situation que nous citons, n'en existe pas moins encore, à un degré plus faible, sans doute, mais toujours évident.

Voici ce que deviendraient les études en dehors des ateliers :

Première année.

Arithmétique complète, revue rapidement avec ses applications.
Algèbre jusqu'aux équations du second degré, inclusivement.
Géométrie. Plans, surfaces, solides, etc., et ses applications.
Grammaire française. Analyse grammaticale. Exercices de langue française.
Écriture.
Dessin linéaire préparatoire, appliqué aux ornements et au lavis.
Croquis, données principales d'architecture, tracé des moulures, courbes, parties accessoires des constructions.

Deuxième année.

Trigonométrie rectiligne.
Géométrie descriptive avec applications à la théorie des ombres, à la perspective, à la coupe des pierres, à la charpente, au tracé des engrenages, etc.
Cinématique.
Cours de langue française. Éléments d'histoire de France et de géographie.
Écriture. Éléments de tenue des livres.
Topographie et lever des plans.
Croquis et dessin élémentaire de machines. Données générales sur le petit outillage et les parties accessoires des machines, boulons, filières, tarauds, coussinets, paliers, etc.

Troisième année.

Statique. Mécanique industrielle. Résistance des matériaux.
Éléments de physique et de chimie appliquées aux arts mécaniques.
Cours de langue française. Cours de littérature et d'histoire.
Cours de comptabilité industrielle.
Notions d'hygiène, de législation industrielle, de droit administratif, etc.
Dessin de machines et d'appareils industriels.
Études, calculs et projets de machines.

Quatrième année.

Cours spéciaux de machines à vapeur, de machines-outils, de matériel des chemins de fer, etc.

Données sur la production, l'exploitation, la fabrication et l'emploi des métaux industriels.

Examen des applications des machines ou des appareils industriels aux découvertes anciennes ou nouvelles de la physique et de la chimie.

Dessin d'exécution pour les ateliers. Travaux de calculs, études, projets, etc., dans les bureaux des ingénieurs ou des chefs d'atelier.

Visites de chantiers et de manufactures suivies de comptes-rendus, rapports, croquis, etc.

Les cours des trois premières années sont sensiblement les mêmes que ceux admis aujourd'hui. Toutefois, nous les supposons élargis au point de vue des applications et de l'étude des méthodes et des idées nouvelles, dont les anciens programmes ne tiennent pas assez compte. De plus, on voit que nous ajoutons avec intention divers éléments dont, à notre avis, il est urgent de tenir compte aujourd'hui. Nous n'avons pas la prétention de demander que ces éléments soient exagérés et deviennent l'objet de cours complets et importants comme ceux qui peuvent être faits à l'École centrale, par exemple. Mais nous demandons que du moins, par quelques leçons résumées, si l'on veut, pourvu qu'elles soient bien comprises et qu'elles aient un caractère essentiellement pratique, on apporte aux élèves certaines notions indispensables pour qui doit fréquenter et habiter les ateliers, même à titre de contre-maître ou d'ouvrier, et, en outre, certaines connaissances élémentaires que nul homme, aujourd'hui, qui s'est assis sur les bancs d'une école industrielle quelconque, ne doit ignorer.

Déjà, nous avons dit ce que nous pensions à l'endroit de la langue et de la grammaire françaises, telles que ces études sont comprises actuellement dans les Écoles.

Nous ajouterons qu'au point de vue, non pas de l'écriture proprement dite, mais de l'écriture appliquée à la comptabilité industrielle, comme exécution de tableaux, notes de consommation ou de dépenses, comptes d'ouvriers, établissement de prix de revient, etc., l'instruction des élèves est, la plupart du temps, insuffisante.

C'est la moindre des choses d'exiger qu'un contre-maître ou un chef d'atelier puisse au moins établir des états de situation ou des notes propres et lisibles. Et ce n'est pas par là, généralement, que brillent les jeunes gens qui quittent les Écoles.

Il en est de même des détails d'appareils ou de machines que les élèves doivent dessiner. Les ingénieurs ou les industriels qui emploient des élèves nouvellement sortis, leur reprochent de dessiner d'une manière trop insuffisante ou trop inexacte, les accessoires qui, le plus souvent, demandent un soin plus scrupuleux et une appréciation mieux comprise que les dessins plus complets.

Sous ces divers rapports, soit que les élèves aient jusqu'à présent manqué de temps, soit que les professeurs n'aient pas assez compris que la science des détails est la base essentielle de tout enseignement, ayant surtout une origine pratique, l'instruction des Écoles d'arts et métiers a laissé beaucoup à désirer.

Ce fait est tellement vrai, que l'on peut dire que les élèves sortant après leur deuxième année d'études, même pour tous faits quelconques, en dehors de leur inaptitude, ne savent rien et sont très-difficilement *utilisables*, dans l'industrie, tandis qu'au contraire, si les éléments avaient été bien enseignés et bien sus, si les études appliquées avaient été envisagées sous des aperçus vraiment usuels, ces élèves pourraient encore, bien que privés de la troisième année qui vient les compléter, se faire rechercher et se faire apprécier dans les ateliers.

En général, l'enseignement théorique, bien que donné par d'anciens élèves habiles qui devraient, plus que tous autres, être aptes à en saisir le côté susceptible de se fondre avec l'enseignement pratique, n'a pas assez de vigueur et n'est peut-être pas assez sérieusement travaillé.

D'un autre côté, l'enseignement pratique, se bornant trop exclusivement à l'enseignement du métier dans les ateliers, ne tient pas assez compte des rapprochements théoriques sans lesquels il lui est difficile de vivre aujourd'hui.

Les chefs et les sous-chefs des ateliers, ces derniers, même lorsqu'ils font l'office de répétiteurs, étant, comme les professeurs, des anciens élèves des Écoles, on a lieu de s'étonner que la fusion de la théorie et de la pratique ne soit pas plus cherchée et appliquée.

En principe, on semble trop perdre de vue que les chefs d'atelier sont des professeurs, bien plutôt que des chefs ouvriers, chargés de surveiller la main-d'œuvre.

Les chefs d'atelier, suivant nous, doivent professer leur métier et donner tous les enseignements qui s'y rattachent, tout comme les professeurs théoriques enseignent dans leurs classes les mathématiques et le dessin démontré.

Parmi les chefs d'atelier se choisissent les ingénieurs chefs des travaux, en somme les chefs de l'enseignement dans les écoles où les directeurs s'occupent plutôt de l'administration que des études. Il faut donc admettre chez tous les chefs d'atelier, comme chez tous les sous-chefs appelés à devenir chefs à leur tour, des connaissances théoriques qui les constituent professeurs.

L'organisation du personnel de l'enseignement pratique doit être ainsi comprise, et si quelqu'un doit s'occuper, dans les ateliers, de montrer le tour de main, de coopérer manuellement aux travaux avec les élèves, ce sont d'habiles ouvriers choisis dans l'industrie, attachés aux ateliers, comme contre-maîtres ou comme aides, pour prendre part aux travaux avec les élèves qu'ils doivent initier à tous les détails pratiques de l'exécution en dehors des explications techniques et des démonstrations que sont appelés à donner les chefs et les sous-chefs d'atelier.

L'enseignement pratique est resté dans les Écoles trop exclusivement ouvrier, ainsi qu'il a pu être au début, alors que l'on dut mettre à la tête des ateliers des hommes plutôt habiles dans l'exécution qu'instruits dans la démonstration de leur métier. Il ne saurait en être de même aujourd'hui où l'ouvrier le plus vulgaire veut s'expliquer et comprendre les faits qui se déduisent de son travail de chaque jour.

Aussi, les ateliers des Écoles doivent-ils se transformer et devenir réellement des ateliers-classes, ayant leurs cours particuliers en dehors des travaux manuels.

Certains éléments des programmes que nous venons de tracer, nous paraissent devoir être bien plus du ressort de l'enseignement donné par les chefs d'atelier que de celui des études expressément théoriques.

Ainsi, les cours spéciaux de croquis industriels, d'application du dessin aux pièces détachées et aux ensembles des machines, d'emploi des matériaux, etc., devraient être confiés aux chefs et aux sous-chefs d'atelier et se faire, soit dans les ateliers même, soit dans des salles ou des amphithéâtres placés à la portée des ateliers et permettant aux professeurs pratiques d'avoir sous la main outils, machines, matériaux, etc., pour développer et compléter leurs explications.

Les cours de la quatrième année, tout entiers, devraient se faire ainsi dans les ateliers. Nous admettons ces cours comme le complément d'études industrielles, dont la théorie est limitée aux cours de la troisième année, et ne doit subsister que pour se rattacher à des études spéciales qui sont plutôt des études d'application pratique que des études de science proprement dite.

Il est fâcheux que les élèves des Écoles d'arts et métiers quittent les Écoles sans avoir certaines notions qui se rattachent à leur métier d'une manière tellement intime, qu'elles en sont l'âme, en quelque sorte.

On ne s'explique pas, par exemple, que les élèves mécaniciens n'aient aucune notion précise sur l'outillage, sur les machines-outils, sur le matériel des ateliers, et qu'appelés à se servir journellement de matières diverses, métaux, courroies, huiles, graisses, etc., ils n'aient aucune donnée sur la qualité et l'emploi de ces matières.

On ne s'explique pas davantage que les fondeurs ne connaissent pas, au moins, les éléments de la métallurgie qui leur apporte les métaux qu'ils doivent employer, qu'ils n'aient aucune instruction sur la science des alliages, sur les propriétés physiques ou chimiques auxquelles il leur est fait journellement appel dans l'emploi des sables, des terres et des enduits, dans la fusion et la coulée des métaux, dans la construction et l'entretien des appareils, etc.

Nous en dirons autant des forgerons qui doivent connaître les fers, les charbons et la théorie si indispensable du chauffage et de l'emploi utile du calorique ; des menuisiers modeleurs qui doivent savoir choisir et apprécier les bois qui leur conviennent et qui doivent connaître les outils les plus économiques et les plus avantageux pour travailler le bois.

A d'autres époques, quand les Écoles d'arts et métiers étaient encore dans l'enfance, les chefs d'atelier, moins instruits évidemment qu'aujourd'hui, s'occupaient de donner à leurs élèves des instructions pratiques qui, sans avoir toute la portée qu'on pourrait leur demander aujourd'hui, étaient d'un grand et sérieux intérêt. On a négligé, depuis, ces instructions qui se sont effacées et n'ont pas été remplacées. Car, nous ne parlerons pas de quelques publications spéciales faites par un trop petit nombre de chefs d'atelier, en vue de faire connaître aux élèves les éléments de leur métier. Ces publications, à défaut d'ouvrages meilleurs peut-être, mais pas plus consciencieux, eussent pu être introduites dans l'enseignement des Écoles, à l'égal de publications d'ouvrages de mathématiques plus ou moins compilés, et peut-être moins utiles, parce qu'on pouvait trouver leurs analogues ailleurs.

Cette mesure n'a pas été jugée nécessaire, et certains directeurs des Écoles, qui auraient pu l'appuyer, tout comme ils appuyaient l'adoption d'autres livres, ne surent jamais se rendre compte de l'amélioration importante qu'aurait recueillie l'enseignement des ateliers, par la vulgarisation de méthodes et de procédés industriels inconnus des élèves.

Nous avons sous les yeux une brochure publiée à Châlons en 1812, pour l'instruction des élèves de la forge. Cette brochure, sans nom d'auteur, a dû être accompagnée de travaux semblables concernant les autres ateliers.

Nous n'avons pu retrouver ces divers travaux qui, peut-être, n'auront été que projetés. Et nous le regrettons, car ils étaient conçus dans un esprit pratique très-bien compris ; qui a dû en faire de véritables petits manuels excessivement utiles pour développer l'intelligence et l'instruction des élèves

Aujourd'hui, ces manuels devraient être refaits, en les mettant au niveau du travail moderne et en leur apportant certaines données de théorie auxquelles on ne s'attachait pas alors, et auxquelles, du moins, on ne demandait pas de démonstration.

Ils seraient le complément rigoureux de l'instruction trop exclusivement ouvrière et, par conséquent, trop peu actuelle, donnée dans les ateliers des Écoles d'arts et métiers. Et les chefs d'atelier qui développeraient et expliqueraient ces manuels rempliraient bien mieux leurs fonctions de professeurs que de s'occuper exclusivement de l'exécution matérielle et de la direction détaillée des travaux, de s'attacher à la surveillance de la discipline et surtout de perdre une partie de leur temps à un travail de comptabilité-matières qui n'est pas leur fait, en réalité, et serait bien mieux entre les mains d'un comptable spécial établissant les entrées et les sorties des matières, détaillant leur emploi, tenant, en un mot, tous les comptes de fabrication, sur de simples notes données par les chefs d'atelier, comme cela se fait dans les arsenaux de la guerre ou de la marine.

Si seulement la comptabilité tenue par les chefs d'atelier était la raison d'une instruction donnée aux élèves sur l'établissement des prix de revient, l'appréciation des consommations et des déchets, etc., ce travail qui n'est pas d'ordinaire celui des professeurs, aurait encore un intérêt qui s'expliquerait. Mais, il n'en est pas ainsi, et nous le redisons, les chefs d'atelier dans les Écoles ne sont pas assez professeurs ; ce qui est un vice, car il ne faut pas perdre de vue qu'il s'agit ici d'établissements d'enseignement, et que si les Écoles doivent s'assimiler le plus exactement possible les procédés, les habitudes, la vie, si l'on veut, des exploitations industrielles, elles ne doivent pas cesser d'être Écoles et de chercher à justifier leur mission qui est d'enseigner.

En demandant que les chefs d'atelier, et même leurs sous-chefs, soient sérieusement des professeurs, nous ne faisons qu'obéir à une loi qui est, de nos jours, dans l'ordre des progrès de l'industrie.

L'industrie doit se démontrer, parce qu'elle s'appuie sur la science et que la science se démontre. L'industrie doit s'expliquer, parce qu'elle ne se fait plus en tâtonnant et qu'elle repose, dans la généralité de ses applications, sur des données prévues, indiscutables.

Un ouvrier adroit, un artiste habile ne suffit plus aujourd'hui pour conduire un atelier. Il faut que le chef d'atelier sache compter, dessiner, qu'il connaisse au moins les éléments principaux des sciences mécaniques, physiques et chimiques, il faut, en un mot, qu'il soit instruit.

Or, l'instruction, qui lui est nécessaire, doit s'acquérir tout au moins autant dans le sein des ateliers que dans les amphithéâtres des Écoles.

Donc, quand bien même les chefs et les sous-chefs des ateliers dans les Écoles d'arts et métiers ne seraient pas d'anciens élèves instruits de ces mêmes Écoles, il faudrait chercher, pour remplir leur mission, des hommes capables d'être autre chose que des chefs ouvriers.

Mais, en dehors de cela, il y a justice à faire des fonctionnaires dont nous parlons, des professeurs. Ils sont les camarades et les pairs d'autres anciens élèves chargés de l'enseignement théorique et, dans aucun cas, leur situation de chefs d'atelier ne saurait vouloir être un abaissement.

Un jeune homme intelligent, peu d'années après sa sortie des Écoles, nous dirons plus, aussitôt après sa sortie, peut faire rigoureusement un professeur théorique.

Il lui suffira de s'expliquer avec clarté et avec méthode, de se tenir au courant de l'avancement de la science, de lire et d'étudier les livres nouveaux, pour faire un bon cours bien suivi et bien compris.

Il faut, au contraire, dans la direction des ateliers, des hommes ayant pratiqué l'industrie ailleurs que dans les Écoles, ayant fait leurs preuves, ayant acquis de l'expérience et de la solidité. Et si cela ne se trouve pas autant et aussi bien que les Écoles le voudraient, on ne peut que s'en prendre aux très-faibles traitements que donne l'État, traitements insuffisants pour tenter les hommes capables auxquels l'industrie offre une situation supérieure.

Aussi, les concours pour les emplois vacants dans les Écoles ne voient-ils le plus souvent que de très-jeunes gens assez rares en général, tellement rares pour certains ateliers, qu'il a fallu, à diverses reprises, ajourner les épreuves ou abaisser les limites d'âge, faute de candidats.

On a remarqué, de plus, que les emplois de professeurs de mathématiques ou de dessin étaient surtout recherchés par les sous-chefs et même par les chefs d'atelier, qui, séduits par une situation plus facile, plus brillante et souvent plus rétribuée, abandonnaient sans regret l'enseignement des ateliers.

Cette insuffisance de sujets se destinant au professorat théorique et surtout au professorat pratique dans les Écoles, est, selon nous, très-caractéristique. Elle fait voir que les élèves des Écoles d'arts et métiers trouvent, en général, à se caser dans l'industrie assez avantageusement et assez amplement pour ne pas rechercher les services de l'État, services dans lesquels ils se trouveraient trop peu rétribués et qui ne leur assureraient jamais un avancement assez sérieux pour satisfaire leur légitime ambition.

La situation des fonctionnaires du corps enseignant dans les Écoles aurait donc besoin d'être améliorée, si l'Administration veut s'attirer et s'attacher des hommes capables qui, à la première séduction que leur adressera l'industrie, ne seront pas tentés de s'éloigner.

Cette situation laisse à désirer, non-seulement au point de vue du traitement, de l'avancement et des droits à la retraite, mais elle a besoin d'être relevée et d'être mise au niveau de celle qui est admise pour les fonctionnaires appartenant à des services moins modestes, peut-être que ceux des Écoles, mais pas plus méritants.

Dans certaines parties de l'administration publique, pour ne pas dire dans toutes, l'insuffisance des traitements vient se combler par des distinctions honorifiques qui atteignent tôt ou tard les fonctionnaires que leur mérite ou l'ancienneté de leurs services signalent à l'attention du Gouvernement. Il n'en est pas précisément de même dans les Écoles où certains hommes habiles s'étant montrés incontestablement utiles et dévoués pendant une longue carrière, ont vu arriver l'heure de la retraite sans autre compensation que celle d'une pension modique, péniblement acquise.

Sans avoir la pensée de faire remonter à certaines administrations, plutôt qu'à d'autres, l'oubli immérité dans lequel ont été plongés, depuis la fondation des Écoles, un grand nombre de serviteurs modestes, mais réellement, mais sérieusement recommandables, nous nous permettrons de faire remarquer que les récompenses qui seraient venues atteindre ces fonctionnaires n'auraient pu être que d'un excellent effet profitable à la prospérité des Écoles dans le passé, comme dans l'avenir. Nous ne voulons pas dire que les fonctions de chefs d'atelier et de professeurs dans les Écoles n'ont pas trouvé, selon de certaines limites, un couronnement susceptible de les faire rechercher. D'anciens chefs d'atelier occupent aujourd'hui les emplois d'ingénieur et de directeur, et viennent prouver par là, que l'avancement ne doit pas être un vain mot. Mais cet avancement, par la force même des choses, paraît réservé surtout aux chefs des ateliers d'ajustage, et les chefs des autres ateliers, forges, fonderie, modèles, n'ont à attendre que le maximum d'un traitement bien modeste et la perspective d'une assez maigre retraite. C'est parmi ceux-là que les distinctions de l'État devraient, plus souvent, venir chercher les plus méritants.

Il y aurait là, sans doute, un excellent moyen de rapprocher des Écoles et de leur attacher certaines natures sérieuses sachant se contenter d'une position modeste et préférant à de gros traitements, les profits de cette position honorable et considérée.

Quoi qu'il en soit de ces aperçus, revenant à la question de l'enseignement pratique combiné avec l'enseignement théorique, nous dirons de nouveau, que tous les cours qui se trouvent en dehors de l'enseignement graphique et de l'enseignement pur et simple des mathématiques et de leurs applications sur le papier, devraient être professés dans les ateliers, tant par l'ingénieur chargé des travaux, que par les chefs d'atelier, et, au besoin, par les sous-chefs d'atelier.

En outre, pour rendre les travaux des ateliers plus attrayants et plus instructifs, ces travaux devraient embrasser les branches les plus essentielles des ateliers analogues dans l'industrie privée ; ils devraient comprendre les applications les plus marquantes des constructions modernes.

Au lieu de se livrer à des œuvres sans portée ou sans but précis, les ateliers des Écoles qui, trop souvent, exécutent des travaux qu'on détruit ou qu'on vend à vil prix, pourraient recevoir de l'État quelques commandes, peut-être sacrifiées, en raison de la lenteur de l'exécution et de certaines imperfections possibles, mais d'une grande utilité pour former les élèves.

Une machine pour la navigation, une ou deux locomotives, quelques travaux courants, empruntés aux divers services de l'État, l'imprimerie impériale, les phares, le musée d'artillerie, les monnaies, les manufactures de tabacs, les ateliers de la marine, le Conservatoire, etc., suffiraient, et au-delà, à défrayer les ateliers des Écoles, en leur apportant une variété de travaux utiles et indispensables à l'enseignement.

Les divers services, dont nous venons de parler, font journellement travailler l'industrie privée, paient cher et ne sont pas toujours bien servis. L'avantage principal qu'ils peuvent trouver est la rapidité de livraison sur laquelle il ne faut pas compter avec les Écoles d'arts et métiers ; mais il est facile de ne donner à ces Écoles que des fournitures peu urgentes à obtenir comme machines ou appareils complémentaires, sans besoin immédiat absolu. D'ailleurs, les Écoles peuvent prendre, en des moments pressés, un certain nombre d'aides choisis parmi les ouvriers de l'industrie et accélérer ainsi les travaux au grand profit de l'instruction des élèves qui voient par là comment la fabrication s'exécute et s'or-

ganise industriellement, et qui apprennent à se servir avec plus
d'habileté de l'outillage multiple et perfectionné, dont doivent disposer aujourd'hui tous les ateliers de construction qui sont bien
installés.

Cela n'empêcherait pas les Écoles de prendre à l'industrie privée
certains travaux excellents comme étude, et que l'État ne pourrait
pas leur donner. Seulement, il est nécessaire, pour éviter les récri-
minations et les plaintes des industries locales, de ne rechercher
ces travaux qu'aux prix forts du commerce, sans concessions ou
réductions aucunes, ayant pour effet de créer une concurrence et
de nuire aux affaires de ces industries.

On pourra nous dire que les idées que nous émettons à l'endroit
du professorat des chefs d'atelier et de l'organisation des travaux sont plus ou moins praticables.

Nous n'en doutons pas et nous savons parfaitement qu'il y a,
sur ces points, bien des considérations à examiner, bien des mesures à chercher, bien des écueils à éviter. Toutefois, on s'avouera,
à n'en pas douter, qu'il est possible d'obtenir mieux que ce qui
existe ; car, l'état actuel, — toutes les personnes qui connaissent les
Écoles, le diront avec nous, — laisse prodigieusement à désirer.

Les ateliers mieux montés en outils et en machines, mieux compris et mieux dirigés que par le passé, sont encore incomplets sur
bien des points. Mais leur côté le plus faible, sans contredit, c'est
l'insuffisance de l'enseignement pratique auquel manquent trop
souvent des travaux intéressants et abondants, et qui, par là peut-
être, autant que par la stérilité des instructions, ne se tient pas
assez haut pour être réellement sérieux et profitable, dans le sens
voulu par la situation actuelle de l'industrie.

Si l'enseignement industriel n'est pas mieux compris à l'aide de
cours pratiques professés par les fonctionnaires des ateliers, s'il
n'est pas développé en s'appuyant sur un ordre de travaux plus
abondant et plus suivi que celui cherché jusqu'à ce jour, la quatrième année, telle que nous la prévoyons dans le programme
exposé plus haut, n'a pas réellement de raison d'être.

Mieux vaudrait alors renoncer à cette quatrième année, du
moins passée dans le sein des Écoles, et chercher d'autres combinaisons qui pussent permettre de compléter les élèves et de leur
donner une partie, la plus grande possible, de ce qui leur manque
à la sortie des Écoles.

Parmi ces combinaisons, nous rappellerons celle qui consisterait
à faire se raccorder les études de la dernière année des Écoles
d'arts et métiers avec celles de la première année de l'École centrale, de telle sorte que les bons élèves pussent passer, sans perte

de temps et sans travail nouveau, des Ecoles d'arts dans l'École centrale.

Mais, cette disposition ne profiterait, dans tous les cas, qu'au plus petit nombre, dont les familles auraient assez d'aisance pour maintenir leurs enfants dans les deux ordres d'écoles, ou dont l'État récompenserait les succès en leur attribuant des places gratuites et, au besoin, une indemnité comme cela se fait pour certaines écoles d'application.

Dans l'intérêt de la masse qui ne pourrait passer par l'École centrale, il y aurait à examiner si la création d'une École supérieure d'arts et métiers formant école d'application des institutions actuelles, pour une ou deux années, ne serait pas une bonne chose.

Il y aurait encore à voir s'il ne serait pas possible d'aider les élèves des Écoles d'arts et métiers à se compléter, en les admettant dans les principaux ateliers de l'État ou dans les ateliers des compagnies de chemins de fer.

Voici, à cet égard, ce que nous disions dans notre brochure sur 'École d'Angers. Ces observations sont, bien entendu, des jalons plus ou moins solidement jetés dans la route que nous suivons. Qu'on les prenne pour ce qu'elles valent, si l'on y trouve matière à critiquer ; nous les abandonnons volontiers aux sévérités de nos contradicteurs, et nous ne souhaitons qu'une chose, c'est qu'elles puissent soulever la trace, si faible qu'elle soit, d'une idée utile.

« En admettant que les élèves des Écoles d'arts et métiers fussent mis à même de passer une année complémentaire d'études dans l'un des grands ateliers de l'État, on pourrait leur donner, comme moyen de les intéresser, un prix de journée d'abord peu élevé, puis augmenté en raison de leurs efforts.

»De cette façon, on obtiendrait une cohorte d'ouvriers habiles qu'on distribuerait ensuite avantageusement à l'industrie privée, et dont on garderait une partie pour le service des chemins de fer, des bateaux à vapeur et des usines de l'État.

» Nous avons toujours pensé que les usines de la marine, à Indret, réuniraient toutes les conditions que nous croyons utiles pour un tel projet, et que le Gouvernement ferait un acte judicieux, en consacrant cet établissement à une *école d'application* des Écoles d'arts et métiers. Ce serait là un immense service rendu à ces institutions, et en même temps, nous avons la persuasion intime qu'Indret ainsi organisé n'y perdrait pas comme progrès, comme fabrication et même comme économie. Peut-être encore, l'année complémentaire pourrait-elle être employée par les élèves qui se estinent aux chemins de fer, à des cours plus spéciaux sur la matière, à des études pratiques qu'il serait d'autant plus facile de leur faire suivre, que chacune des Écoles se trouve, pour ainsi dire, au centre de trois grandes lignes qui sillonnent la France de l'est à l'ouest et au midi. Près des gares de chacune des villes d'Aix, de Châlons et d'Angers, on consacrerait à l'étude des élèves, des ateliers d'essai, dans lesquels ils pourraient, ɛe familiarisant avec les soins que réclame la conduite des locomotives, acquérir l'aptitude, l'adresse et le sang-froid si nécessaires au mécanicien responsable de la vie de tant de voyageurs, et qui ne peuvent s'obtenir que par une pratique très-exercée.

» Les Écoles d'arts et métiers atteindraient ainsi, sans sortir des limites de leur institution, un but que réclame instamment la plus belle conception industrielle de nos jours, mais aussi la plus terrible, si l'on songe à tous les dangers qui peuvent naître de l'emploi par les compagnies de jeunes gens encore inhabiles, choisissant, pour faire leur redoutable apprentissage, des convois chargés de voyageurs, dont l'existence demeure malheureusement livrée à la merci d'une inexpérience trop évidente (1). »

En dehors des questions que nous venons d'examiner, relativement au perfectionnement des études dans les Écoles d'arts et métiers, il est encore divers points sur lesquels nous essaierons, au moins, d'attirer l'attention, si nous ne nous décidons à les développer et à les expliquer aussi amplement qu'ils pourraient l'être.

Quelle que soit la combinaison admise pour faire profiter les élèves d'une quatrième année d'études, il faut admettre que cette extension donnée à l'enseignement doit être appliquée essentiel

(1) Aujourd'hui, non sans quelques catastrophes très-graves, les chemins de fer, appliqués et exploités sur une plus large échelle qu'à l'époque où nous écrivions ces lignes, ont pu se former un noyau de mécaniciens expérimentés, qui s'accroît de jour en jour, et est en état de faire face aux divers besoins des services. Les élèves des Écoles, qui parviennent à conduire des locomotives, débutent généralement dans les ateliers des chemins de fer, montent sur les machines comme chauffeurs, rentrent avec ces machines dans les ateliers, lorsqu'elles sont mises en réparation et se forment, en un mot, par un travail très-suivi, exercé à la fois sur les machines en mouvement et sur les machines en construction ou en réparation. Il y a là, par le fait, de véritables écoles d'application, dont on trouverait quelques modèles intéressants à étudier, notamment aux ateliers du chemin du Nord.

Ces dispositions nouvelles ôteraient, dans tous les cas, bien de la valeur aux idées qui terminent la citation que nous venons de faire.

lement en vue d'étendre les aptitudes pratiques et de fortifier les études industrielles.

Par cette raison, il est indispensable que les jeunes gens appelés à user du bénéfice d'une année complémentaire puissent, sans être amenés, évidemment, à apprendre sérieusement un autre métier, que celui qu'ils auront suivi pendant les trois premières années, passer rapidement dans les divers ateliers et prendre une teinte, si légère qu'elle soit, des travaux de ces ateliers.

Les arts et métiers, enseignés dans les Écoles, forment un ensemble solidaire qu'on retrouve à des degrés plus ou moins prononcés, mais évidemment positifs, soit directement, soit indirectement, dans tous les ateliers de construction. On peut dire qu'un de ces métiers ne va pas sans l'autre. Le mécanicien a besoin de la forge, de la fonderie et des modèles, comme le forgeron, le fondeur ou le modeleur doivent avoir certaines connaissances rigoureuses en construction de machines.

Les trois Écoles d'arts et métiers, quand les examens de fin d'année ont épuré les divisions sortantes, en retranchant les élèves malades, insoumis ou incapables de suivre les cours, peuvent fournir environ, chaque année, 160 ajusteurs-mécaniciens, 36 menuisiers-modeleurs, 24 fondeurs, 16 forgerons. Si l'on suppose d'après un calcul que nous avons fait à une autre époque, et que nous trouvons exact encore aujourd'hui, qu'un tiers environ de ces élèves abandonne l'industrie, d'une manière absolue, et que ce soit surtout parmi les ateliers de menuiserie, de fonderie et de forges, où les emplois sont plus rares et plus difficiles, que se portent les désertions dont nous parlons, on pourra admettre que les jeunes gens versés annuellement, d'une manière sérieuse, dans l'industrie peuvent être représentés, proportionnellement, par les chiffres suivants :

120 ajusteurs-mécaniciens,

15 menuisiers-modeleurs,

15 fondeurs,

10 forgerons.

Mais tous ces jeunes gens ne gardent pas strictement leur état. La plupart, par exemple, deviennent dessinateurs ou prennent des positions qui, sans cesser d'être industrielles, ne sont pas celles qu'ils ont suivies dans les Écoles. Ces revirements sont surtout sensibles chez les menuisiers et chez les forgerons.

On rencontre, en effet, dans les ateliers, à l'exception des élèves qui trouvent, chez leur père, un débouché immédiat et naturel, peu d'élèves qui se fassent menuisiers ou forgerons. Les premiers, surtout, se rencontrent rarement, et c'est pour cela peut-être que dans ces derniers temps, l'existence des ateliers de menuiserie et de modelage a été mise en question parmi les personnes qui ont étudié l'enseignement des Écoles d'arts et métiers.

Les forgerons ne se casent pas beaucoup plus facilement que les menuisiers. Il en est de même des fondeurs, dont le placement est, toutefois, moins difficile et qu'on voit, en nombre relativement plus grand que les menuisiers et les forgerons, se fixer utilement dans leur industrie.

Ces difficultés de placement, plus grandes pour les élèves professant les métiers dont nous parlons, que pour les élèves mécaniciens, ne doivent pas être une cause susceptible de faire disparaître de l'enseignement des Écoles des industries qui, avons-nous dit, sont tellement solidaires qu'il est, en quelque sorte, impossible de les disjoindre.

Si l'on ne considérait les élèves formés dans ces industries que comme des ouvriers, on reconnaîtrait évidemment qu'il y a dans les ateliers des praticiens plus habiles et plus sûrs, ayant toute l'instruction voulue, surtout parmi les menuisiers, pour former, en des instants donnés, de bons contre-maîtres ou de bons conducteurs de travaux.

Mais, il faut penser que, si l'on doit désirer, en dehors de l'instruction pratique la plus étendue possible, un enseignement bien complet pour les Écoles d'arts et métiers, cet enseignement est principalement utile aux élèves forgerons ou fondeurs, dont les industries, encore à la recherche des derniers perfectionnements qui doivent les assurer et les grandir, n'ont pas, jusqu'à présent, assez de sujets capables pour obtenir les contre-maîtres et les directeurs de travaux qui leur manquent.

Les ouvriers fondeurs ou forgerons qu'on rencontre dans l'industrie privée, n'ont pas, on nous permettra de le dire, pour le très-grand nombre, les éléments qui doivent les faire sortir de leur état d'ouvriers.

On peut trouver parmi eux des exécutants habiles, des interprètes adroits ; mais, soit la fatigue qu'imposent ces métiers, soit un recrutement moins choisi et moins épuré, on n'a pas sur ce terrain des hommes instruits comme on en a, par exemple, parmi les mécaniciens, pouvant être appelés à conduire des travaux autrement que comme chefs ouvriers, et susceptibles d'arriver aux hautes positions de leur industrie.

La quatrième année, avec les instructions spéciales que nous recommandons, aurait pour but de préparer davantage les élèves que nous citons à des destinées meilleures pour eux que celles de simples ouvriers, et plus profitables à l'industrie, qui n'a pas rigoureusement besoin d'ouvriers forgerons, fondeurs ou menuisiers, qu'elle trouve en assez grand nombre par l'apprentissage, mais à laquelle il manque des hommes capables d'organiser et de conduire des travaux, de comprendre le côté intellectuel de leur industrie et d'en amener le perfectionnement.

La quatrième année permettant une certaine fusion entre les ateliers, réservant à tous les élèves de ces divers ateliers des démonstrations pratiques et des cours de technologie les mêmes pour tous, les études théoriques étant, d'ailleurs, communes, de même que les travaux graphiques, il pourrait se produire, entre les élèves sortis des Écoles, ce fait qui a lieu déjà et qui ne pourrait que s'étendre au profit des Écoles, que des élèves ajusteurs seraient appelés à diriger des fonderies, comme des fondeurs, des forgerons ou des menuisiers seraient amenés à conduire des travaux de constructions mécaniques.

Il serait facile de citer divers exemples honorables de ces changements de direction qui prouvent que, même avec l'enseignement actuel, les élèves des Écoles d'arts et métiers sont susceptibles de s'assimiler, grâce à la liaison intime qu'ont entre eux les quatre enseignements pratiques et les cours théoriques des Écoles, les industries pour lesquelles, en principe, ils n'ont pas été préparés.

On comprend, du reste, qu'il n'y a pas lieu de compter sur des fusions de cette sorte, qui ne doivent rester, après tout, que des exceptions. Les élèves doivent être préparés rigoureusement en vue de leur métier; mais ce métier ayant des affinités réelles avec les autres métiers, ce ne peut être qu'une chose naturelle et opportune, pour chaque élève, de connaître les éléments des quatre industries enseignées dans les Écoles, sinon comme exercices manuels, du moins comme théorie et démonstration.

Des dispositions de cette nature ont été prises à d'autres époques dans les Écoles, peut-être trop superficielles et insuffisantes, mais avec un esprit d'amélioration, du moins, qui mérite d'être rappelé.

Nous nous souvenons parfaitement qu'à Châlons, par exemple, il fut un temps où les élèves de la deuxième division, passant à la première, n'allaient pas en vacances et utilisaient une partie de leur temps, alors, à traverser les divers ateliers.

On travaillait à peine, le temps était sans doute court; mais il restait aux élèves, ayant profité de cette situation, si incomplète qu'elle fut, des notions qu'ils n'eussent jamais acquises, sans elle, dans l'enseignement ordinaire de l'École.

Évidemment, un ajusteur a besoin de savoir un peu forger, un fondeur a besoin de connaître l'exécution des modèles; et le premier ne passât-il qu'un mois à la forge avant sa sortie de l'École, comme le second, le même temps à la menuiserie, tous deux auront gagné beaucoup à cette disposition si courte et si incomplète qu'elle aura pu être.

Nous avons signalé plus haut certaines tendances défavorables au maintien de l'atelier de menuiserie dans les Écoles. Nous considérerions la suppression de cet atelier comme très-fâcheuse. Qu'on renonce aux travaux d'église, aux sculptures généralement mal comprises et d'un goût plus ou moins équivoque, qu'on ne fasse de sculpture que les éléments applicables, en tous cas, aux arts mécaniques, qu'on développe la menuiserie industrielle, la construction des modèles, et cela d'une façon en rapport avec les besoins nouveaux de la fonderie et non au point de vue du travail de l'amateur qui fait des modèles polis, cirés, vernis, qu'on admettrait dans un musée et qui vont mal dans les mains d'un mouleur, nous comprenons parfaitement cette réforme, tout comme nous comprendrions celle qui amènerait les élèves fondeurs à faire des travaux courants de fabrication commerciale, au lieu d'entreprendre des moules qu'on casse ou dans lesquels on coule des statuettes ou des animaux plus ou moins mal réussis, malgré un temps considérable dépensé.

Mais, nous le répétons, nous ne pouvons conseiller l'abandon de l'atelier de menuiserie.

On peut y conserver peu d'élèves, qui se caseront toujours, tôt ou tard, sinon rigoureusement dans leur métier, du moins dans la fonderie, dans les bureaux de dessin, etc. ; mais c'est un atelier à garder, sans lequel l'instruction pratique des Écoles ne saurait être complète.

Dans notre pensée, en dehors des fusions d'ateliers que nous supposons pendant la quatrième année, en dehors des instructions spéciales que nous préconisons, le service des ateliers dans les Écoles devrait être organisé de telle sorte qu'aucune des connaissances pratiques qui se rattachent aux diverses branches de l'art des constructions mécaniques, ne fût absolument étrangère aux élèves qui, dès leur début dans l'industrie, peuvent trouver instantanément l'occasion de faire appel à ces connaissances. S'ils en possèdent, au moins, les éléments, leur initiation, plus facile et plus rapide, s'accomplira plus fructueusement.

La menuiserie, malgré son peu d'importance apparente, malgré le peu de résultat immédiatement sensible qu'elle fournit dans les Écoles, ne doit donc pas plus être supprimée que la forge et la fonderie. Il y a plus, on devrait voir si certaines parties importantes de la mécanique, se rattachant aux constructions, ne sont pas trop ignorées.

La chaudronnerie, par exemple, se lie aujourd'hui à la construction des machines, d'une façon tellement intime que ce ne serait pas un mal de l'introduire dans les Écoles. Sans en faire l'objet de la création d'un atelier spécial, elle pourrait devenir l'un des annexes de l'atelier d'ajustage, et, ne fût-elle exercée que par des ouvriers pris au dehors des Écoles, avec l'assistance toute passagère des élèves, elle viendrait permettre aux ateliers de terminer certains travaux qu'ils ne peuvent faire complétement sans la chaudronnerie, tout en aidant à faire connaître une des industries, sans contredit, des plus importantes de l'art des constructions, une industrie qui, dans le sens où nous la comprenons ici, naissait, il y a quarante ans à peine, et a réalisé, depuis quelques années, d'immenses et incontestables progrès.

Les dispositions dont nous parlons s'encadreraient d'autant mieux dans le programme des études actuelles, que l'on admettrait la prolongation de ces études. Toutefois, nous ne les croyons pas impossibles sans une année complémentaire.

Malgré le temps évidemment trop court consacré à l'enseignement théorique et pratique des Écoles, il est possible d'introduire dans cet enseignement bien des choses utiles, sans que l'apprentissage purement manuel, auquel on consacre les deux tiers de la durée du travail, puisse souffrir d'une manière sensible.

Les élèves, qui ne sont plus des enfants, sont généralement peu disposés aux jeux des récréations. Ne pourrait-on, tout en leur apportant des distractions intéressantes, leur trouver un but utile et instructif ? Sans parler de la musique vocale ou instrumentale, des lectures industrielles qu'on pourrait leur présenter plus attrayantes par un bon choix d'ouvrages dans les bibliothèques des Écoles, sans parler des gymnases qui devraient être organisés depuis longtemps et qui n'existent pas, ne serait-il possible de consacrer, sans inconvénient, une partie des récréations, notamment de celles du dimanche, à des conférences sur l'histoire de l'industrie, à des données sur les industries étrangères, à des expériences de physique ou de chimie appliquées aux arts, etc., en un mot, à des cours du genre de ceux qui se font au Conservatoire des arts et métiers ? Ces cours, sans créer des spécialités et sans former des sujets sur telle ou telle branche de l'industrie, apportent d'excellentes études complémentaires qu'on n'irait pas chercher dans les livres ou qu'on y apprendrait difficilement, et qui, par l'audition, se gravent dans la mémoire pour y laisser une trace ineffaçable.

Répétons-le encore, en nous résumant, nous ne faisons pas de programmes. Sans émettre d'idées absolues, nous nous bornons à chercher le perfectionnement des études dans les Écoles d'arts et métiers.

Ce perfectionnement nous est, surtout, rendu patent par une augmentation dans la durée des études, augmentation qui pare à tous les besoins nouveaux que nous signalons, qui donne le temps d'élargir ce qui est insuffisant et d'apporter ce qui manque dans la mesure la plus rationnelle.

Si les études doivent se resserrer dans la limite actuelle de trois années, il faut se dire qu'on ne peut arriver à des améliorations sérieuses qu'en recherchant le développement du travail, autour des questions suivantes.

Tout d'abord :

Études préliminaires bien comprises. Examens d'admission rigoureux, exigeant la possession bien évidente des matières voulues pour l'admission aux Écoles. Par là, des élèves mieux préparés, n'ayant pas à perdre une partie de leur première année d'études, pour ne pas dire toute cette année, en vue de se former ou de se compléter ; par là, des élèves plus forts, en principe, et plus aptes à suivre des cours menés d'une façon plus active et moins hésitante.

Puis :

Instructions spéciales prises sur le temps de travail aux ateliers sans grande perte pour les occupations exclusivement manuelles. L'instruction pratique peut, d'ailleurs, être augmentée et développée dans un temps moins long, si l'on adjoint aux ateliers un certain nombre d'ouvriers et de contre-maîtres habiles, se mêlant aux élèves et exécutant avec eux.

Récréations remplies par des études présentant de l'attrait sans fatigue, des distractions utiles sans travail appliqué.

Temps des vacances pendant le passage des élèves de la deuxième à la troisième année, utilisé au profit de la diffusion des connaissances pratiques, inhérentes aux divers ateliers.

Certains détails oiseux supprimés des études, notamment des cours de dessin, qui sont bien faits, mais où l'on crée encore quelquefois des images, au lieu de s'occuper de détails instructifs qui, faits à main levée et exécutés rapidement, profitent bien plus que des œuvres de patience plutôt que d'habitude, où la plupart des élèves usent trop de temps pour ce qu'elles leurs apportent d'enseignements utiles.

Enfin, révision complète des cours de grammaire, de langue française et d'écriture, qui n'ont jamais été bien compris, et qui devraient être organisés d'une manière plus large et plus intéressante, d'une manière moins élémentaire, surtout, si l'on admet que les élèves entrant aux Écoles doivent connaître la grammaire et l'orthographe, et ne doivent pas être inférieurs, sous ce rapport, comme cela est arrivé trop souvent, aux plus mauvais élèves des écoles primaires.

Dans ces conditions, qu'il n'y ait pas de quatrième année, que la quatrième année ne se fasse pas même, soit dans une école préparatoire d'apprentissage avant l'entrée, soit dans une école spéciale d'application après la sortie, on améliorera du moins la condition des élèves des Écoles d'arts et métiers, qui resteront ce qu'ils sont aujourd'hui, si l'on veut, de futurs ouvriers, contremaîtres ou directeurs de travaux, mais qui arriveront dans l'industrie avec certaines données qui leur font essentiellement faute et qui sont pour eux, en l'état actuel de l'industrie, d'une absolue nécessité.

Déjà, quelque limitée que soit la durée du temps d'École, on peut dire que s'il manque aux élèves divers éléments indispensables d'instruction industrielle, l'habitude des usines et l'expérience qui ne s'acquiert qu'avec le temps, ces jeunes gens se sont bientôt mis, à leur sortie des Écoles, grâce aux études premières dont ils sont pourvus, au niveau des bons ouvriers, et tendent à devenir, pour la plupart, aptes, en peu d'années, à diriger des ateliers et des fabriques. Ils ont pour eux, avons-nous dit avec raison dans l'écrit déjà plusieurs fois cité (1), d'être bien préparés aux travaux matériels des manufactures, d'être éprouvés par les rigueurs et les épreuves des opérations manuelles. Et pour peu que la théorie leur vienne en aide, pour peu qu'ils soient à même de lui accorder de nouvelles études, après qu'ils ont quitté les Écoles d'arts et métiers, ils se rendent bientôt aussi utiles et aussi recherchés que les élèves des autres écoles industrielles qui se recommandent par de plus hautes connaissances théoriques, mais auxquelles il manque le lien essentiel qui doit les rattacher plus intimement aux ateliers et aux ouvriers, la pratique.

Un grand nombre d'anciens élèves de Châlons et d'Angers, même des élèves de l'École d'Aix, malgré la date relativement récente de leurs débuts dans l'industrie, sont aujourd'hui des ingénieurs estimés, des chefs d'usines habiles et capables, et nous ne craignons pas d'avancer qu'ils sont considérés tout autant, au point de vue des services rendus, que s'ils étaient issus d'écoles spéciales supérieures.

(1) Notice sur l'École d'arts et métiers d'Angers.

Disons-le donc tout haut, sans craindre qu'on nous accuse de préventions intéressées, les Écoles d'arts et métiers, malgré certaines imperfections dans leur organisation et certaines lacunes dans leur enseignement, peuvent se faire honneur de leurs élèves, dont le plus grand nombre ne sont pas, comme on l'a dit trop souvent, détournés, sans but et sans motif, de leur destination industrielle.

Bien certainement, parmi les jeunes gens quittant les Écoles, chaque année, il en est quelques-uns qui, s'effrayant, outre mesure, des difficultés de leur début dans l'industrie, qui, rencontrant des obstacles à se placer immédiatement, ou qui, aussi, n'ayant pas profité de l'éducation toute particulière des Écoles, se retirent des ateliers et vont chercher dans une autre carrière une position susceptible de les séduire davantage ; mais, dans ceux-là même, on en voit rarement qui n'utilisent pas, au moins, quelques-unes des parties spéciales de l'instruction qu'ils ont reçue.

Choisissent-ils les ponts et chaussées ? Là, les ingénieurs trouvent en eux des conducteurs habiles, bons dessinateurs, auxquels l'habitude des travaux pratiques donne de la valeur. Plusieurs sont chargés de services d'ingénieurs ou de services d'agents-voyers en chef.

Essaient-ils la carrière des arts ? Leurs connaissances en dessin, en perspective, en théories d'ombres, les mettent sur la voie et viennent à leur aide ; la pratique des ateliers, même, leur est utile ; il nous serait facile de citer des architectes capables, des peintres et des sculpteurs de mérite parmi les élèves issus des Écoles d'arts et métiers. Nous pourrions nommer encore des musiciens de talent, des militaires distingués, des hommes estimés dans les administrations, qui, tous, ont puisé, et ils se le rappellent avec plaisir, une instruction première dans les classes et dans les ateliers des Écoles.

Ces derniers, nous dira-t-on, ont laissé bien loin l'industrie et ses foyers ; ils n'ont pas atteint le but exigé dans les Écoles d'arts et métiers ! Qu'on admette ce reproche fondé, en doit-on inférer pour cela que les Écoles sont inutiles, ou même incomplètes ? Non, car parmi tous ceux que nous désignons, artistes, soldats ou employés, aucun n'a regretté d'avoir appris un métier, et beaucoup vous avoueront que, quelle qu'ait été leur position sociale, ils n'ont pas manqué d'occasion d'appliquer avec fruit ce qu'ils avaient conservé de leurs études industrielles.

Et, d'ailleurs, sans nous arrêter aux exceptions, rappelons les données statistiques que nous avons placées dans l'histoire des Écoles d'arts et métiers et qui prouvent que, non-seulement, le plus grand nombre des élèves est resté fidèle à l'industrie, mais qu'il a su y faire sa place, y prospérer et dans certains cas, moins rares qu'on ne pense, y parvenir aux premiers rangs.

Qu'on recherche, en effet, dans toutes les usines, dans toutes les grandes exploitations, forges, fonderies, ateliers de constructions, filatures, fabriques de toute espèce, on rencontrera des directeurs, des ingénieurs, des contre-maîtres, des ouvriers capables, tous ayant passé par les Écoles d'arts et métiers. Qu'on examine le personnel des chemins de fer, celui des bateaux à vapeur dans la marine impériale et dans les compagnies particulières, on trouvera là encore des ingénieurs et des sous-ingénieurs, des chefs de dépôt, des chefs d'atelier, des conducteurs de machines, des maîtres mécaniciens, leurs aides, leurs chauffeurs, même, choisis parmi les anciens élèves.

Ces faits, mieux que tout ce que nous pourrions dire, prouvent surabondamment l'excellence des Écoles d'arts et métiers ; ils suffiraient à donner un éclatant démenti aux préjugés qui voudraient nier encore les résultats atteints par ces institutions essentiellement populaires.

Hâtons-nous de le dire, les préjugés dont nous parlons et que nous avons combattus de tous temps, dans la mesure de notre influence, tendent à s'effacer tous les jours.

On reproche aux Écoles d'arts et métiers quelques imperfections que le temps devra faire disparaître, mais on ne les discute plus.

Les Écoles, aujourd'hui, bien comprises et mieux appréciées par l'opinion publique qui a su tenir compte de leurs progrès, ont vu enfin leur avenir longtemps incertain triompher des difficultés, des indécisions et de l'insouciance qui les environnaient.

Soutenues et protégées par un Gouvernement qui a, plus que ses précédents, le sentiment et le pouvoir des grandes choses ; dirigées par une administration que le courant des idées nouvelles porte à rechercher le perfectionnement de l'enseignement professionnel, elles ne doivent pas être mises à l'écart ; et quand viendra le moment d'une réorganisation complète de l'instruction industrielle, elles prendront certainement le rang qui leur convient, parmi les institutions spéciales dont l'État se réservera le privilége.

Rendre les Écoles impériales d'arts et métiers au domaine public, en les laissant devenir des exploitations particulières plus ou moins comprises, soumises à la spéculation, marchant sans but et sans ordre, ce n'est plus une chose possible à admettre.

L'État pourra bien encourager des fondations semblables, qui se formeront sous l'action de l'industrie privée ou sous l'influence des villes et des communes ; mais il ne pourra pas abandonner les Écoles d'arts et métiers qui sont un de ses titres à la reconnaissance de tous les travailleurs industriels, qui représentent la réalisation d'une des idées les plus modestes, mais non les moins fécondes et les moins utiles du premier Empire, qui, après tout, pépinière sérieuse de sujets qu'aucun autre ordre d'institutions n'a pas su fournir jusqu'à présent, ne peuvent être dans ses budgets qu'une charge insignifiante et sans portée, eu égard aux services que les Écoles sont appelées à rendre.

En attendant des réformes radicales qui deviendraient inévitables dans le cas d'un système général admis pour l'enseignement professionnel, bornons-nous à demander, comme nous venons de le faire, des modifications utiles dans l'organisation et dans les programmes actuels.

Avec ces modifications, les Écoles ramenées au niveau des besoins sans cesse augmentés de l'industrie et de la science, continueront à offrir au pays une mine riche à exploiter, et au Gouvernement lui-même des ressources précieuses pour ses arsenaux, pour ses chemins de fer, pour sa marine à vapeur et pour ses travaux publics.

DU

DESSIN INDUSTRIEL

APPLIQUÉ

AUX ARTS MÉCANIQUES

L'enseignement du dessin est aujourd'hui considéré comme l'une des bases de l'éducation professionnelle.

Tous les établissements qui donnent l'instruction à un degré quelconque admettent l'enseignement du dessin, quelles que soient les voies que ces établissements ouvrent à leurs élèves vers les diverses carrières de la société.

Sans parler des écoles spéciales de dessin ouvertes dans les grandes villes et destinées à donner le goût des beaux-arts, autant qu'à former et à préparer des artistes; sans parler des lycées impériaux et des colléges où le dessin enseigné par des hommes de mérite, par d'anciens grands-prix, apporte à la jeunesse des notions qui ne doivent aujourd'hui être ignorées de personne, même des gens du monde; sans parler des institutions privées ou publiques où le dessin est enseigné avec une certaine fantaisie qui n'est pas faite pour constituer des dessinateurs utiles, mais que nous n'avons pas à blâmer ici, nous nous bornerons à exposer, en quelques pages, le résumé de nos idées sur l'enseignement du dessin appliqué aux machines et aux arts purement graphiques.

Nous voulons parler du dessin linéaire, proprement dit, avec ses différentes applications aux études industrielles.

C'est le dessin qui est enseigné dans les écoles professionnelles ou dans les institutions préparatoires qui s'y rattachent.

Rarement bien comprise, l'étude du dessin linéaire, à part quelques exceptions que nous signalerons et qui prennent surtout leur place dans les écoles spéciales, ne donne que des adeptes assez mal ébauchés, possédant à peine le sentiment de la forme, manquant de l'habileté de main, de la justesse de trait et de la précision de contour et de dimension qu'exige, avant tout, le genre de dessin dont nous parlons.

Le dessin linéaire est le langage écrit de l'atelier. Limité au croquis, il devient une sténographie rapide qui simplifie les explications, évite les discours et fixe les idées, pour ainsi dire, instantanément. Poussé jusqu'à l'épure et au tracé géométrique, il devient la base absolue des constructions, la règle et la loi d'où dépend l'exécution matérielle définitive. Rendu complet et terminé ou développé par le lavis, il parle à tous et fait lire en un moment des idées que bien des pages ne suffiraient pas souvent à exprimer.

C'est de cette simple exposition que nous voulons partir pour faire comprendre l'organisation qu'il nous parait utile de chercher dans l'enseignement du dessin linéaire.

Cette organisation doit, en effet, s'appuyer sur trois éléments principaux :

Les études préliminaires ;

Les études d'application ;

Les études de perfectionnement.

La plupart des établissements d'instruction publique où l'on enseigne le dessin linéaire manquent leur but, faute de saisir, d'une manière assez intelligente, les trois nuances bien tranchées que nous voulons faire ressortir.

Nous savons que beaucoup d'institutions bien comprises et bien dirigées partagent notre avis. Elles ne tiennent pas compte, néanmoins, des bases élémentaires qu'elles admettent avec nous.

S'il n'y a pas chez elles défaut de raisonnement pratique, absence de connaissances, insuffisance de moyens d'instruction, il y a cette idée générale très-malheureuse que les préliminaires sont toujours trop longs, trop fastidieux, trop pénibles et qu'il faut les raccourcir, les élaguer ou les éluder le plus possible pour rendre le travail plus facile et plus attrayant.

Que ces dispositions fâcheuses se fassent jour dans les pensions ou dans les institutions particulières, qui se font une loi de satisfaire la vanité des parents en gâtant les enfants. Cela peut se comprendre dans de certaines limites ! Aussi, n'est-ce pas de ces établissements que nous voulons parler. Que là, on cherche à produire rapidement des images plus ou moins grotesques qui font la joie des familles, c'est un travers que nous n'avons pas la prétention d'empêcher, ni le désir de combattre.

Nous n'avons à nous préoccuper, pour ce qui peut concerner l'enseignement normal et bien compris du dessin linéaire, que des établissements où cet enseignement est exposé, sinon d'une manière absolument rationnelle, du moins d'une façon qui peut être considérée comme sérieuse.

Récemment, à l'occasion d'une exposition des arts industriels, les maisons dont nous parlons, et les écoles spéciales de dessin de la ville de Paris, ont pu, appelées à concourir, donner la mesure de la situation actuelle de l'enseignement du dessin industriel.

Nous ne voulons pas parler du dessin de la figure ou du dessin d'ornement, pour les industries de luxe ou d'art. A côté d'assez rares spécimens remarquables, on a pu constater trop de choses fausses, mauvaises, accusant une grande hésitation ou une grande ignorance, autant de la part des élèves que de la part des maîtres.

Bornons-nous à rester dans l'appréciation pure et simple des résultats montrés par l'exposition des produits du dessin linéaire. Tout, absolument tout, en écartant à peine un petit nombre d'exceptions qu'il est inutile de signaler, était, sinon mauvais, du moins emprunté à un système d'enseignement complétement faux, celui qui consiste à faire copier des modèles sans frein, ni mesure, sans souci d'explications techniques quelconques, sans études théoriques, sans le sentiment des choses les plus vulgaires de la science.

Là, en effet, est le vice radical qui vient anéantir tout progrès sérieux dans l'enseignement du dessin linéaire, ou du moins qui détruit la plus notable partie des bons effets de cet enseignement à son début.

Ignorer les éléments des sciences qui font la base essentielle du dessin linéaire, la géométrie, la géométrie descriptive avec ses applications principales à la théorie des ombres et à la perspective.

Copier servilement des modèles plus ou moins exacts, plus ou moins compris.

Chercher des ombres ou de la perspective avant d'avoir la connaissance des plus simples notions du dessin orthogonal.

Faire du lavis, sans avoir l'expérience du tracé simple, sans avoir l'habitude du trait. Perdre de vue, en un mot, la méthode et la science pour ne chercher que la reproduction brutale, que la représentation mécanique qui arrive à l'image sans passer par l'intelligence.

Tels sont les errements faussés dans lesquels a dû s'agiter le plus grand nombre des enseignements qui ont produit les œuvres exposées dont nous parlons.

Le dessin des machines exige d'abord :

La science et la méthode, la clarté et la précision. La netteté du trait et la perfection de l'image ne viennent qu'après.

Les projections géométriques sont celles qui conviennent le mieux. Elles permettent de reproduire la figure des corps sous leurs divers aspects et surtout de donner par là l'indication exacte de toutes les dimensions.

Les projections obliques ou la perspective assez inutiles, en général, dans le dessin des machines peuvent servir, étant bien comprises et habilement appliquées à donner rapidement en une seule figure la forme d'un corps. Par là, elles doivent, dans l'enseignement qui nous occupe, procéder plutôt du croquis.

Les notions de ces branches de l'art du dessin, de même que celles se rattachant à la théorie des ombres, ne doivent pourtant pas être ignorées des élèves.

Il arrive forcément que certains dessins, même en projection orthogonale, exigent la reproduction de parties fuyantes ou obliques, dont l'image prise dans l'ensemble ne peut être projetée géométriquement d'une manière rigoureuse.

De même, certains détails d'un dessin ne peuvent être clairement compris sans des indications d'ombre accusant la différence ou la valeur des plans, la forme exacte des corps. Un élève, quelque habile dessinateur qu'il puisse être, comprendra mal un dessin et reproduira imparfaitement une figure, s'il n'a pas le sentiment exact de l'application des ombres et de la lumière.

Il est donc indispensable, pour pratiquer le dessin avec intelligence, que l'enseignement théorique accompagne et guide l'exécution matérielle.

L'étude de la géométrie élémentaire et de la géométrie descriptive doit, dans l'enseignement du dessin, côtoyer l'application par le travail graphique.

En même temps que l'élève s'habitue au croquis, s'exerce au tracé des objets qu'il voit et qu'il comprend, il doit mener de front l'étude des constructions essentiellement géométriques. L'épure, en un mot, doit accompagner le dessin.

Dans les écoles spéciales, dans les Écoles des arts et métiers, par exemple, les cours de mathématiques marchent simultanément et s'avancent graduellement avec l'enseignement du dessin. C'est

là, bien certainement, un des éléments du succès de cet enseignement qui fait que les élèves des Écoles d'arts et métiers deviennent
généralement de bons dessinateurs de machines.

Les cours de dessin des Écoles d'arts et métiers sont aujour-
d'hui compris d'une façon intelligente, et sauf quelques critiques
de détails, on pourrait dire qu'ils sont dans les conditions les
meilleures pour former la base de bons cours théoriques et pratiques de dessin linéaire.

Les élèves de première année, supposés possédant les notions
élémentaires de la géométrie et du dessin linéaire, au moins pour
ce qui est de la construction des figures géométriques, exécutent
en classe des copies de dessin d'ornement qui les exercent pra-
tiquement, leur donnent l'habileté et la sûreté de main et viennent
aider à former leur goût, ou, tout au moins, les initier aux détails
les plus vulgaires de l'ornementation. Peut-être devrait-on les faire
moins copier et davantage exécuter leurs dessins d'après des
croquis ?

Le travail ainsi compris serait plus intéressant, plus instructif
et laisserait moins de place à l'action trop exclusivement mécanique. Toutefois, cette action, au début, offre moins de danger
que plus tard. Elle dresse l'élève et le force à faire propre, à faire
net, à faire bien.

Les études de dessin d'ornement où le tire-lignes et la plume sont
employés simultanément présentent, au point de vue du faire et de
l'acquit, d'excellents excercices. Quand ces études sont accompagnées, comme dans les Écoles d'arts et métiers, des tracés d'é-
pures marchant parallèlement avec l'enseignement du dessin, les
élèves se forment vite. Aussi, la première année pour les élèves
des écoles est-elle décisive à l'endroit, du moins, des résultats
qu'on peut demander à un enseignement élémentaire.

Cette année s'achève par quelques études de lavis. Les élèves
apprennent à poser des teintes, à faire tourner des corps simples,
à accuser des ombres. Là encore, l'enseignement a pour but de
donner du faire et de l'acquit, en habituant l'élève à manier le pin-
ceau, comme il s'est exercé avec la plume et le tire-lignes.

La deuxième année reçoit donc des élèves bien préparés, ayant
des notions théoriques élémentaires à la hauteur de ce qu'ils
savent en dessin et au niveau de ce qu'ils vont voir, possédant déjà
une certaine sûreté de main et munis d'assez d'éléments, pour
aborder avec succès et sans tàtonnements le dessin des machines.

Ce dessin, qui s'établit sur des détails, reproduits d'après des
croquis, d'objets accessoires de machines, puis de machines
simples arrivant progressivement à la complication, est accom-

pagné par le travail des épures de géométrie descriptive, d'ombres, de perspective que font marcher les professeurs de mathématiques concurremment avec les professeurs de dessin.

Là encore, la théorie côtoie la pratique, l'application suit la démonstration. L'enseignement ne cesse pas d'être rationnel, et tout en devenant habiles, les élèves se font éclairés et savants. Ils arrivent à la troisième année avec une pratique déjà exercée, des méthodes assurées et n'ont plus, en quelque sorte, qu'à chercher le perfectionnement.

C'est, en effet, le but auquel doivent tendre les études de la troisième année. Les applications deviennent plus complètes et plus décisives, les reproductions s'attachent à des machines ou à des appareils plus importants ; l'étude et le calcul prennent une place plus sérieuse dans la rédaction du dessin, et tout en recherchant par le soin apporté au trait et au lavis, l'expression la plus grande de l'habileté d'exécution, l'élève tend à devenir dessinateur de machines, dans toute l'acception du mot, c'est-à-dire, dessinateur soigneux, exact et précis pour ce qui touche au côté matériel du dessin, ingénieur et calculateur pour ce qui est de la théorie de cet art.

On voit par là, que l'étude du dessin dans les Écoles d'arts et metiers est placée sensiblement sur la voie, dont nous avons indiqué plus haut les trois branches principales. Les cours résultant de programmes bien tracés et bien compris, passent graduellement des éléments à l'application, de l'application au perfectionnement. Les travaux sont sérieux et ne livrent que de rares passages à la fantaisie ; ils reposent tous sur la démonstration, et ne laissent rien à la routine et au parti pris.

Aussi, peut-on dire que le dessin géométrique, qui est la base essentielle de l'enseignement industriel, a pris dans les établissements dont nous parlons des racines profondes et fortes, qu'il est devenu l'une des meilleures certitudes de réussite dans l'industrie pour les élèves des Écoles d'arts et métiers et qu'il assure, en quelque sorte, leur avenir, si l'on voit avec quelle préférence ils sont recherchés partout dans les grands ateliers et dans les compagnies de chemins de fer.

Si toutes les écoles professionnelles ou les diverses institutions spéciales ou préparatoires à l'enseignement industriel adoptaient, dans l'enseignement du dessin linéaire, les principes gradués que nous exposons ici, ils obtiendraient certainement des résultats plus sérieux et plus solides que ceux qu'ils nous montrent.

Il est difficile de donner une théorie du dessin linéaire pour ce qui est de l'exécution matérielle et de la perfection du tracé. Les arts graphiques, en général, n'ont pas, à proprement parler, de théorie ; ils sont soumis, il est vrai, à des règles invariables qui régissent leurs modes d'ensemble et dirigent leurs résultats. Aux uns, les lois de la perspective et de la géométrie ; aux autres, celles de la forme, de la couleur, de l'ombre, de la lumière. Mais, l'exécution qui donne un corps aux idées que dirige la théorie, qui est la vie première du dessin, n'a pas de principes rigoureusement à elle et n'est pas resserrée dans des limites qu'on peut strictement et invariablement déterminer.

Comme l'écriture, le dessin emprunte, pour chaque individu, une allure qui prend un cachet particulier, impossible à décrire, mais facile à saisir, à reconnaître, à juger pour un œil exercé. Il est assez rare, en effet, de rencontrer sur dix dessinateurs, deux exécutants employant les mêmes résultats pour arriver à des résultats identiques. Il est plus rare encore de trouver sur cent épreuves deux exécutions matériellement égales.

Aussi, l'enseignement mécanique du dessin, le tour de main, en un mot, est-il entièrement subordonné à l'expérience et à l'habileté des professeurs, à l'adresse et à l'intelligence des élèves. Toutefois, en dehors des indications de la science, la façon dont les études sont présentées, l'ordre dans lequel elles sont conduites, peuvent produire des élèves plus ou moins habiles, plus ou moins bons exécutants.

C'est pour cela que partout, dans toute institution d'enseignement où l'on peut donner, suivant la portée de l'instruction, plus ou moins de valeur à la théorie, il est indispensable, quand même, de suivre des programmes arrêtés susceptibles de guider sûrement, sans la laisser s'égarer dans les voies fâcheuses de la fantaisie et de l'incohérence, l'étude du dessin industriel et surtout celle du dessin industriel appliqué aux arts mécaniques.

Dans l'art proprement dit, on a vu et on peut voir des aptitudes exceptionnelles s'élevant au-dessus des éléments vulgaires, sans souci de la règle et de la méthode, conquérir un rang incontestable parmi les plus illustres. Il ne saurait en être ainsi, dès qu'il s'agit des arts exclusivement graphiques où l'inspiration n'a pas de place, où le génie, quel qu'il soit, ne saurait réussir s'il ne se plie aux exigences des études préliminaires, s'il n'acquiert par une application pratique soutenue, les qualités principales qu'exige le dessin linéaire, la sûreté de main, la netteté des lignes et la pureté des contours, la précision des formes, l'exactitude des dimensions.

Il faut donc, nous ne saurions trop le dire, que l'art qui nous occupe, sans parler des notions théoriques spéciales plus ou moins étendues dont il doit être accompagné, s'appuie sur des exercices fréquents, développés d'une manière progressive et raisonnée.

Les quatre formes sous lesquelles le dessin linéaire se présente à l'étude peuvent être déterminées ainsi :

Le croquis,

L'épure,

Le tracé,

Le lavis.

Au point de vue rigoureux de l'art du dessin, le croquis est la base de tout l'enseignement. C'est lui qui apprend à comprendre et à saisir les formes. Sans lui, le dessin réduit à des actions mécaniques, ne servirait plus qu'à des copies serviles, qu'à des reproductions sans valeur.

L'élève qui ne sait pas saisir une figure, la comprendre, la détailler, la reproduire rapidement en quelques traits faciles et simples qui en fixent l'image précise, cet élève ne sera jamais un dessinateur, quelqu'habileté de main qu'il acquière, quelque perfection d'exécution qu'il atteigne.

Dans une voie parallèle, l'épure est comme le croquis, l'élément fondamental du dessin linéaire. L'épure est l'intermédiaire entre la science et la pratique ; c'est la traduction de la théorie, c'est en même temps qu'un enseignement démonstratif utile, un exercice matériel salutaire. L'épure bien entendue donne l'habitude de la règle et du compas, dresse l'élève aux constructions linéaires et le force à obtenir, dans le trait, de la précision, de l'exactitude et de la régularité.

Moins agréable et moins séduisante que le croquis aux yeux du commençant, l'épure, plus sèche, plus aride au début, demande à marcher simultanément avec le croquis dans l'étude élémentaire du dessin linéaire.

Les études préliminaires doivent donc avoir pour but d'exercer l'élève sous les trois formes suivantes :

Croquis de corps simples exécutés d'une façon rapide, mais avec le sentiment des proportions, des dimensions, etc. ;

Épures de géométrie élémentaire ;

Exercices de tracés progressifs au trait d'après de bons modèles à copier.

Nous ne voyons pas qu'il soit utile de faire, dès l'abord, reproduire les croquis par le dessin. Mieux vaut, pour habituer l'élève à l'action mécanique du dessin, l'exercer à copier des modèles bien choisis, d'un goût épuré et d'une assez grande simplicité, en principe, pour qu'aucune difficulté ne vienne entraver les progrès du commençant.

Sous ce rapport, un cours gradué d'ornement au trait, tel,

à peu près, que ce cours se fait dans les Écoles d'arts et métiers, peut constituer une série d'excellents exercices.

Des éléments d'architecture qui reposent sur l'agencement des lignes, les élèves peuvent passer à l'architecture ornée et reproduire successivement tous les détails employés dans l'ornementation vulgaire, frises, feuilles, rosaces, etc. Ces détails, ainsi compris, les habituent, non-seulement à l'exécution matérielle du dessin, mais leur laissent des données exactes qu'ils retrouveront plus tard avec fruit, quand ils auront à dessiner ou à composer des ensembles.

Les machines, c'est un fait incontestable, sont agencées chez nous avec une mesure de goût et un sentiment de forme qu'on ne trouve pas à un égal degré chez nos rivaux, les Anglais, par exemple, qui peuvent faire bon et solide, mais qui font trop souvent lourd et sans harmonie.

La présence des données élémentaires architecturales dans l'enseignement linéaire, ou, si l'on aime mieux, dans l'enseignement préparatoire du dessin des machines, est certainement une des causes qui font que les mécaniciens français ont une tendance plus marquée que chez nos voisins, à disposer leurs appareils sous des formes agréables et élégantes.

Aussi, si nous n'admettons, en aucune façon, les dessins copiés pour les machines ou les détails de machines, sommes-nous tout disposés à les admettre, dans l'enseignement préliminaire du dessin linéaire, du moment qu'on fait copier aux élèves de bonnes études d'ornement au trait, sans ombres ou accessoires inutiles, exerçant le crayon, le tire-lignes et la plume, en même temps qu'ils fixent dans la mémoire la forme et l'agencement de détails usuels, bons à retrouver et à consulter, quand se produit le moment de les appliquer dans les ensembles.

Après les études préliminaires viennent, avons-nous dit, les études d'application.

Celles-ci procèdent encore du croquis et de l'épure ; seulement, le croquis devient plus sérieux, il porte d'abord sur des détails, puis sur des ensembles d'outils, d'appareils ou de machines. L'épure devient plus complète ; elle s'étend en raison de l'avancement théorique de l'élève et du besoin qu'il a de comprendre la raison des choses qu'il est appelé à reproduire et à exécuter.

Les dessins ne sont plus copiés. Relevant désormais de l'intelligence et de l'instruction de l'élève, ils sont construits à l'aide des croquis et en s'inspirant des notions théoriques acquises.

L'élève parvient ainsi au tracé complet des machines, déjà exercé, déjà habile, et le tracé devient pour lui une chose intéressante qui se raisonne, qui s'explique. Arrivent alors les études de perfectionnement, qui peuvent procéder d'une manière moins méthodique et moins absolue. Le dessinateur, déjà formé, étend la marge de ses travaux, suivant ses aspirations et suivant ses aptitudes spéciales. Il se complète, soit en reproduisant des appareils déjà exécutés, soit en les perfectionnant, soit en les projetant ou en les créant.

Il épuise tout ce que l'art du dessinateur peut lui apprendre, autant comme application de l'art de l'ingénieur, que comme exécution et perfection matérielles. Il devient, en un mot, dessinateur complet, participant à la fois de l'exécutant graphique, qui trace et décrit habilement et de l'ingénieur, qui étudie, combine et invente.

Le dessinateur fait, consacré, pour ainsi dire, par les études préliminaires et les études d'application que nous avons citées, arrive au perfectionnement par tous les moyens de reproduction que peut emprunter l'art du dessin, même par la copie qui, à ce moment, n'est plus un moyen stérile et lui vient d'autant plus en aide, qu'il ne la fait pas sans la comprendre et qu'elle ne lui sert désormais qu'à développer son adresse et son habileté.

C'est alors qu'il peut rechercher, au profit de cette adresse et de cette habileté, la perfection du dessin au lavis. Jusque-là, dans les études préliminaires et dans les études d'application, le lavis n'a pu être qu'un moyen de détacher des ombres, de fixer des plans à l'aide de teintes utilement appropriées; il a pu prendre place dans l'enseignement, comme conséquence des théories apprises, comme application matérielle aux ombres des corps simples, cylindres, cônes, sphères, etc.

Il devient, en fin d'études, un moyen d'augmenter l'habileté du dessinateur, qui l'utilise à enjoliver et à expliquer les dessins les plus compliqués et qui fait, par là, de ces dessins, de véritables œuvres d'art.

Ces derniers mots en disent assez pour expliquer comment l'enseignement du dessin linéaire, appliqué aux arts mécaniques, peut être professé d'une manière rationnelle et pratique. De ce que nous avons exposé, on peut déduire des programmes appropriés, qu'il n'est pas nécessaire de développer ici et que tout maître intelligent tracera facilement, du moment qu'il voudra admettre les bases que nous précisons.

Dans tous les cas, quoiqu'on fasse ou quoiqu'on cherche, il ne faut pas perdre de vue que l'enseignement du dessin des machines ne sera réellement organisé d'une manière sérieuse et efficace, que du jour où l'on joindra l'enseignement oral à l'enseignement graphique, que du jour où l'on fera disparaître des méthodes d'instruction, ces modèles sans valeur et sans portée, fruits trop fréquents d'une spéculation plus·ou moins hasardée, qui n'ont pas même, le plus souvent, l'excuse du bon sens et de la belle exécution, et qui tendent à perdre la main et le goût des élèves, que du jour où l'on substituera à la copie stérile d'images indigestes, la reproduction naturelle de corps relevés d'après des croquis et l'exécution mathémathique de dessins clairement expliqués et suffisamment démontrés.

TABLE

Saint-Nicolas, près Nancy. — Imprimerie de P. Trenel.

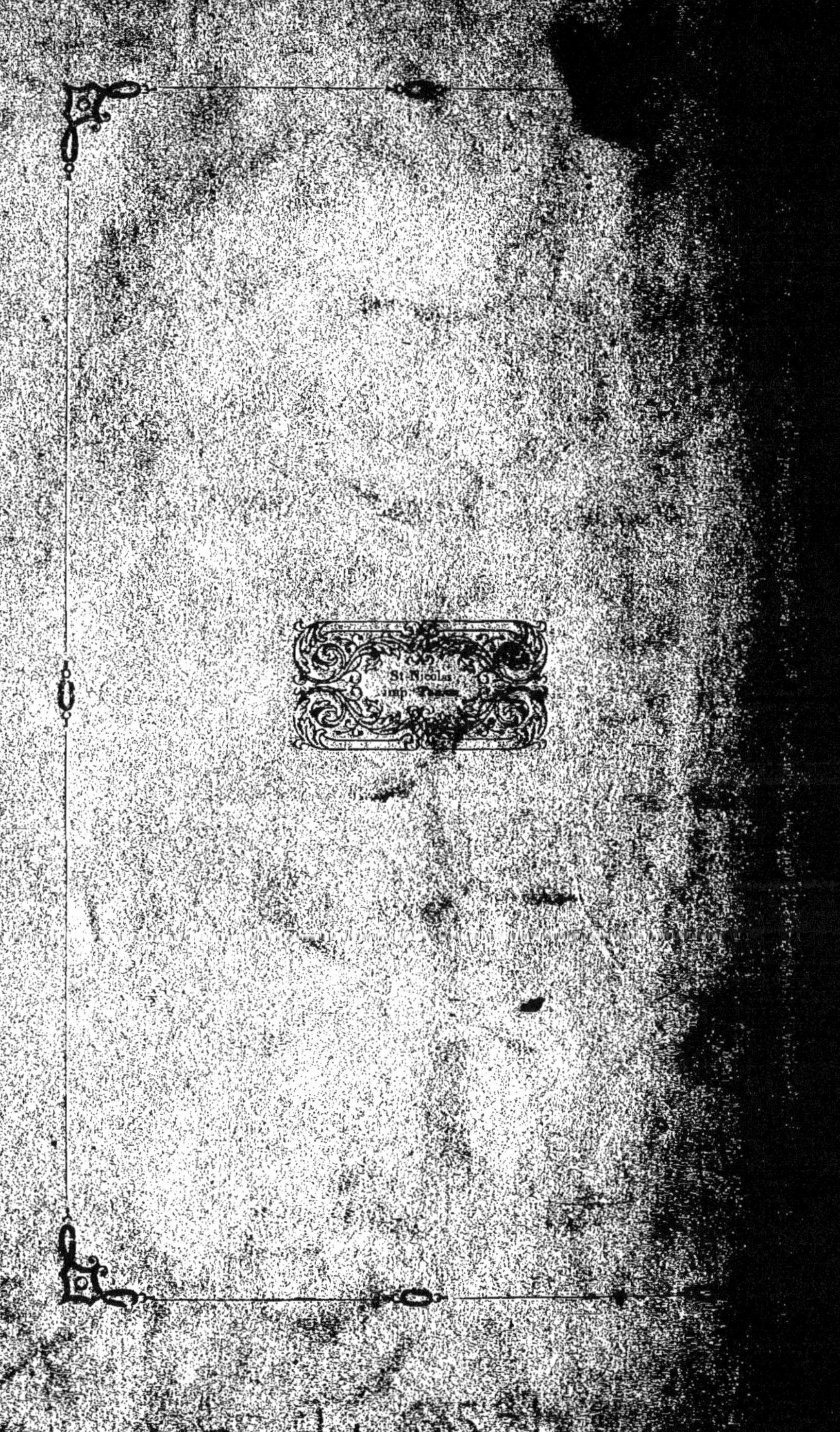
St. Nicolas
imp.